JN088186

会社の活動とお金の流れが見えてくる

決算書の読み方の基本

天野敦之

Amano Atsushi

日本実業出版社

■ 決算書で見るべきポイントは決まっている
── はじめに

決算書って
難しそうな言葉や数字が
たくさん並んだ表のことだよね。

何か最近、決算書くらい読めないといけない
ってことをよく聞くけど、
そもそも決算書って何のことなの?

決算書には、
貸借対照表（たいしゃくたいしょうひょう）、
損益計算書（そんえきけいさんしょ）、
キャッシュフロー計算書
があるんだ。

決算書の目的は、**会社が会社外部の人に対して
会社の状況や活動の成果を伝えることにある**んだ。

あんな数字ばかりの決算書で
会社の状況や活動の成果がわかるの?

決算書は、**会社がいろんな活動をする際に
一定のルールに従って記録したデータを要約して
作成されたもの**なんだ。

だから、決算書の数値を見れば、
会社がどのような活動をして、今どういう状態にあって
将来どうなるのかを読み取ることができるんだよ。

具体的には、決算書からは

会社がどれだけ効率的にお金を増やしているか、
会社が倒産せずに、ちゃんと借金を返せるか、
といった情報を読み取ることができるんだ。

これらの情報を読み取るために
決算書上で見るべきポイントは決まっているから
決算書のすべてを見る必要はないんだよ。

 それじゃあ
そのポイントだけ覚えればいいんだね。

ただし、さっきも説明したように
決算書は一定のルールに従って作られているから、
そうしたルールの基本を押さえずに決算書の数値だけを
見ていると、間違った判断をしてしまう危険もあるんだ。

この本では、決算書を読むために必要最低限の会計のルール、
決算書の仕組みと具体的な決算書の読み方、
それに決算数値と株価の関係について説明するから
この本を読めば、決算書について
ひととおり理解できるようになるよ。

本書の利用に関する注意事項

　本書は、公表されている会計基準、実務指針、意見書などに基づき、筆者自身による解釈に従って、会計の本質を平易な言葉によって記述したものです。
　会計の実務は高度な専門知識・判断を伴うものであり、実際の会計処理にあたっては、本書の内容に全面的に依存するのではなく、必ず担当の会計士・税理士などに確認・相談のうえ、実務を行われることをお願いします。

会社の活動とお金の流れが見えてくる
決算書の読み方の基本

CONTENTS

決算書で見るべきポイントは決まっている──はじめに

第2章 「貸借対照表の読み方」の基本

第**3**章

「損益計算書の読み方」の基本

第 **6** 章

会社が倒産せずに借金を返せるか
──「安全性分析」の基本

第**7**章

決算書と株価の関係

気になる会社の決算書を分析してみよう──おわりに

索引

カバーデザイン／井上新八
イラスト／キタハラケンタ
本文ＤＴＰ／一企画

第 1 章

決算書の仕組みと
会計の基本

決算書は、会社の活動を会計のルールに従って記録し、まとめたものです。会計のルールを理解すれば、決算書から会社の活動の実態を把握できるようになります

● 決算書ってどんなもの？

決算書には
貸借対照表（たいしゃくたいしょうひょう）（**Balance Sheet**、**B/S**（ビーエス））
と、
損益計算書（そんえきけいさんしょ）（**Profit and Loss Statement**、**P/L**（ピーエル））、
それに**キャッシュフロー計算書**（けいさんしょ）（**Cash Flow Statement**、
C/S（シーエス））
があるんだ。

ほかにも株主資本等変動計算書や注記表などもあるけど、
決算書を読む際にはこの３つ、とくに
貸借対照表と損益計算書が重要なんだよ。

POINT 決算書には、貸借対照表、損益計算書、キャッシュフロー計算書などがある。このうち貸借対照表と損益計算書がとくに重要。

キャッシュフロー計算書は重要ではないの？

キャッシュフロー計算書は、
貸借対照表と損益計算書に載っている情報を
組み替えて作成したものなんだ。
だから、まずはこの2つの決算書を理解することが重要だね。

また、証券取引法という法律に従って作った決算書を
財務諸表（ざいむしょひょう）といい、
会社法という法律に従って作った決算書を

計算書類（けいさんしょるい）というんだ。
厳密には財務諸表と計算書類は少し違うのだけど
どちらも決算書のことだと思っていいよ。

あと決算書には
連結決算書と個別決算書があって、
決算書分析をする場合にはおもに連結決算書を対象にするのだけど、
ここではまず個別決算書について説明して、
連結決算書特有の科目や連結の意味についてはあとで説明するね。

また上場企業の多くは
IFRS（イファースまたはアイファース、国際会計基準）を採用していて、
日本の決算書と項目が少し異なるのだけど、
これもまず日本の決算書について理解してから
IFRS特有の科目についても簡単に説明していくことにするね。

● 決算書は会社のホームページで見られる

 決算書ってどうやったら手に入るの？

上場している会社であれば、ホームページに載ってるよ。

投資家向け情報（IR（アイアール））、といったページに
有価証券報告書とか決算公告という項目があって
そこで決算書が見られるようになっているんだ。

決算書だけでなく、決算説明会の資料も載っているから
気になる会社のホームページをチェックしてみよう。

● 実際の貸借対照表・損益計算書を見てみよう

実際の貸借対照表と損益計算書をちょっと見てみよう。

貸借対照表

区　分	金　額		区　分	金　額	
資産の部			**負債の部**		
I　流動資産			I　流動負債		
1　現金及び預金		300	1　支払手形及び買掛金		400
2　受取手形及び売掛金	500		2　短期借入金		400
貸倒引当金	△20	480	3　未払法人税等		600
3　有価証券		200	4　繰延税金負債		100
4　棚卸資産		300	5　引当金		
5　繰延税金資産		100	製品保証引当金	50	
6　その他		300	賞与引当金	150	200
流動資産合計		1,680	6　その他		100
II　固定資産			流動負債合計		1,800
（1）有形固定資産			II　固定負債		
1　建物及び構築物	1,000		1　社債		500
減価償却累計額	△300	700	2　長期借入金		300
2　機械装置及び運搬具	500		3　繰延税金負債		60
減価償却累計額	△200	300	4　退職給付に係る負債		500
3　土地		800	5　その他		200
4　建設仮勘定		200	固定負債合計		1,560
5　その他	300		負債合計		3,360
減価償却累計額	△200	100			
有形固定資産合計		2,100	**純資産の部**		
（2）無形固定資産			I　株主資本		
1　特許権		100	1　資本金		500
2　のれん		400	2　資本剰余金		500
3　その他		200	3　利益剰余金		1,000
無形固定資産合計		700	4　自己株式		△200
（3）投資その他の資産			株主資本合計		1,800
1　投資有価証券		500	II　その他の包括利益累計額		100
2　長期貸付金	400		1　その他有価証券評価差額		50
貸倒引当金	△20	380	2　為替換算調整勘定		50
3　繰延税金資産		200	その他の包括利益累計額合計		100
4　その他		100	III　新株予約権		100
投資その他の資産合計		1,180	IV　非支配株主持分		300
固定資産合計		3,980	純資産合計		2,300
資産合計		5,660	負債・純資産合計		5,660

損益計算書

区　分		金　額
Ⅰ　売上高		10,000
Ⅱ　売上原価		6,000
売上総利益		4,000
Ⅲ　販売費及び一般管理費		2,700
営業利益		1,300
Ⅳ　営業外収益		
1　受取利息	100	
2　受取配当金	200	
3　有価証券売却益	100	
4　持分法投資損益	200	
5　その他	100	700
Ⅴ　営業外費用		
1　支払利息	300	
2　為替差損益	200	
3　その他	100	600
経常利益		1,400
Ⅵ　特別利益		
1　固定資産売却益	300	
2　その他	100	400
Ⅶ　特別損失		
1　災害による損失	200	
2　その他	100	300
税金等調整前当期純利益		1,500
法人税、住民税及び事業税		800
法人税等調整額		△200
法人税等合計		600
当期純利益		900
非支配株主に帰属する当期純利益		400
親会社株主に帰属する当期純利益		500

ほんとに数字ばっかりだね。
それに難しそうな言葉も並んでるし。
これらを全部理解しないといけないの？

たしかにいろんな数字が書かれているけど、
決算書を読むうえでのポイントは限られているから
そんなに心配する必要はないよ。

重要なポイントについてはあとでくわしく説明するとして、
決算書の基本的な仕組みについて説明するね。

● 決算書からどんな情報が 読み取れるの？

まず、決算書からどんな情報を読み取れるのか
について説明しよう。

決算書から読み取れることはいろいろあるけど、
重要なのは**収益性**（しゅうえきせい）と**安全性**（あんぜんせい）なんだ。

収益性は、**会社がどれだけ効率的に儲けているか、**
安全性は、**会社が倒産せずに借金を返せるか、**
という意味だね。

収益性はおもに損益計算書と貸借対照表から、
安全性はおもに貸借対照表から
読み取ることができるんだ。

決算書から読み取れることで重要な事項は
収益性と安全性である。
収益性はおもに損益計算書と貸借対照表から、
安全性はおもに貸借対照表から
読み取ることができる。

収益性については第5章で、安全性については第6章で
くわしく説明するね。

会社は株主や銀行などから集めたお金を預かっているから、
そのお金をちゃんと増やしているか、
将来、預かったお金を返すことができるか、
というのは重要な問題だね。

とくに、会社は儲かっていないと
株主や債権者から集めたお金を増やせなくなってしまうね。

だから、決算書を読む際には
会社が利益（りえき）を生んでいるかどうかを
第一に把握する必要があるね。

利益ってよくいうけど、
どういう意味なの？

利益は、
会社が商品やサービスを販売することで
計上した収益（しゅうえき）から
収益獲得のために生じた費用（ひょう）を引いたものなんだ。

収益？　費用？
どういう意味？

収益は、会社が商品やサービスを販売した金額である
売上（うりあげ）のことだと思ってくれればいいよ。

費用は、販売された商品を仕入れるのに支払った金額や
給料などの人件費、光熱費などのことだね。

つまり利益は、
会社がどれだけ費用を上回る収益を生み出したか
を示すものなんだ。

POINT 利益とは
収益から、収益獲得のための費用を引いたものである。

収益よりも費用のほうが多い場合、
つまりマイナスの利益のことを**損失**（そんしつ）というんだ。
利益と損失をあわせて**損益**というんだよ。

決算書のひとつである損益計算書は、
この収益から費用を引いて損益がどれだけ生じたか
を示すものなんだ。

だから損益計算書っていうんだね。

POINT 損益計算書とは、
収益から費用を引いて損益を計算する決算書である。

もうひとつの決算書である貸借対照表は、
会社が株主や債権者から集めたお金がどのような状態にあるか
を示すものなんだ。

お金の状態？
どういう意味？

会社は、集めたお金で商品を仕入れたり、
工場を建てたり、給料を払ったりするよね。

このように会社が使ったお金は
商品や工場や給料に姿を変えるね。

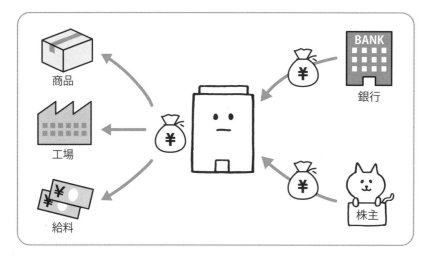

これらの商品や工場や給料のうち、
今年度の売上を増やすためのものは費用になって、
来年度以降の売上を増やすためのものは**資産**（しさん）
になるんだ。

この資産が、貸借対照表に記載されるんだよ。

貸借対照表は、
会社が株主や債権者からどれだけお金を集めて
そのお金が今どのような状態になっているか
を示すものなんだ。

貸借対照表とは、
会社がどのようにお金を集め、そのお金が今現在
どのような状態になっているかを示す決算書である。

うーん、わかったような気もするけど、
イメージがわかないな。

具体的な例で説明しよう。
4月1日から翌年の3月31日までを1年度とするね。

この場合、年度の始まりの4月1日を期首、
年度の終わりの3月31日を期末というんだ。

4月1日に、株主からの出資200万円で会社を設立して
銀行から100万円のお金を借りた場合を考えてみよう。

期首の時点では、株主からの出資が200万円、借入が100万円で
集めた300万円のお金は現金の状態にあるといえるね。

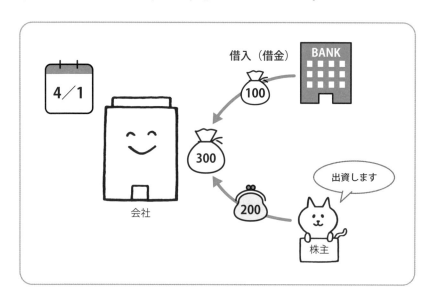

この状態を示しているのが、期首の貸借対照表なんだ。

そして、5月1日に50万円で商品を仕入れて、
6月1日にその商品を60万円で売って、
7月31日に借りていた100万円の利息として
銀行に3万円支払った場合、会社のお金は7万円増えるね。

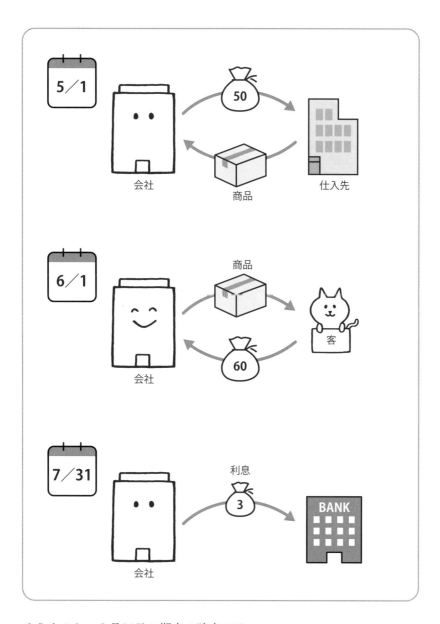

そうすると、3月31日の期末の時点では、
会社は307万円のお金を持っていて、
銀行に返さなければならないお金は100万円だから
307－100＝207万円が株主のものになるんだ。

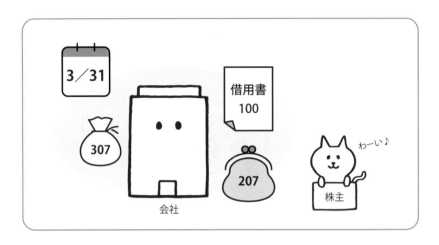

このように、**会社が事業活動で生み出した利益は
株主のものになる**んだ。

POINT 会社が事業活動で生み出した利益は株主のものになる。

また、このように見ると、貸借対照表と損益計算書は
性格が大きく違うことがわかるね。

貸借対照表は4月1日や3月31日のように
ある時点の状態を示しているよね。
これに対して、損益計算書は4月1日から3月31日までという
ある期間の損益の増減を示すものなんだ。

POINT 貸借対照表はある時点の状態を示すもので
損益計算書はある期間の損益の増減を示すものである。

● 勘定科目には5つの種類がある

決算書って
何だか難しそうな言葉が並んでいるよね。
現金預金はわかるけど、受取手形とか、
売掛金とか。

決算書に載っているそれらの項目は、
勘定科目（かんじょうかもく）というんだ。

勘定科目には5つの種類があって、
勘定科目の種類によって記載される場所が
決まっているんだよ。

決算書に記載されている各項目を勘定科目という。
勘定科目には5つの種類があり、それぞれ記載される場所が
決まっている。

5つの種類って何があるの？

まず、さっき説明した収益と費用が挙げられるね。
収益、費用は、損益計算書に記載されるのだったね。

そのほかに資産、**負債**（ふさい）、**純資産**（じゅんしさん）があって
これらは貸借対照表に記載されるんだ。

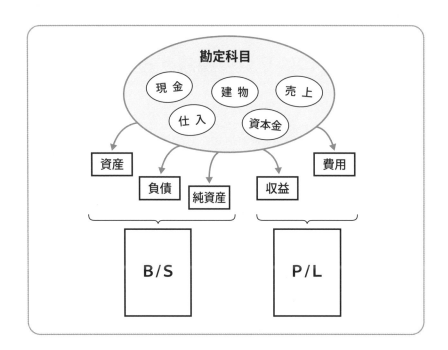

損益計算書には収益、費用の勘定科目が記載され、
貸借対照表には資産、負債、純資産の勘定科目が記載される。

● 損益計算書の仕組みは どうなっているの？

まず、損益計算書から説明するね。

実際の損益計算書はつぎのようになっているんだ。

損益計算書

区　　分	金　額	
Ⅰ　売上高		10,000
Ⅱ　売上原価		6,000
売上総利益		4,000
Ⅲ　販売費及び一般管理費		2,700
営業利益		1,300
Ⅳ　営業外収益		
1　受取利息	100	
2　受取配当金	200	
3　有価証券売却益	100	
4　持分法投資損益	200	
5　その他	100	700
Ⅴ　営業外費用		
1　支払利息	300	
2　為替差損	200	
3　その他	100	600
経常利益		1,400
Ⅵ　特別利益		
1　固定資産売却益	300	
2　その他	100	400
Ⅶ　特別損失		
1　災害による損失	200	
2　その他	100	300
税金等調整前当期純利益		1,500
法人税、住民税及び事業税		800
法人税等調整額		△200
法人税等合計		600
当期純利益		900
非支配株主に帰属する当期純利益		400
親会社株主に帰属する当期純利益		500

 やっぱり数字ばかりで難しそうだね。

一見すると難しそうだけど、
要は、**収益から費用を引いて利益を求めている**だけなんだ。

損益計算書は、
収益から費用を引いて
利益を求めてる、ってことね

＜損益計算書＞

＋収益
－費用
─────
利益

一番上にある**売上高**（うりあげだか）が
当期に売れた商品やサービスの額を示すもので、
収益科目の代表だね。

そのつぎの**売上原価**（うりあげげんか）や
販売費及び一般管理費（はんばいひおよびいっぱんかんりひ）が
費用科目なんだ。

収益科目である売上高から、
その売上を得るためのさまざまな費用を引いて
当期の利益を計算しているんだよ。

費用の勘定科目にはいろいろあるけど、たとえば
収益を増やすために従業員に給料を払った場合や、
家賃、通信費、水道光熱費などが費用になるんだ。

ということは、費用ってお金を使うことなんだね。

そうだね。

厳密には、ずっと昔にお金を払った場合や、
将来お金を支払う予定の場合も費用になることがあるのだけど、
それについてはあとで説明しよう。

POINT 損益計算書では、収益の代表である売上高から
売上を生むためのさまざまな費用を引いて利益を計算する。

また、損益計算書はいくつかの段階に分かれているね。

I	売上高
II	売上原価
	売上総利益
III	販売費及び一般管理費
	営業利益
IV	営業外収益
V	営業外費用
	経常利益
VI	特別利益
VII	特別損失
	税金等調整前当期純利益
	当期純利益

これも日本の会計基準とIFRS（国際会計基準）では
違うのだけど、今見たのは日本の会計基準だね。

いろんな利益があるんだね。
どうしてこんなにいっぱいあるの？

会社がどのような活動によって利益を稼いでいるか
を示すために区分されているんだ。

会社が利益を増やすには、売上を増やしたり、
経費を削減したりするなどの方法があるよね。

それ以外にも、持っている土地やほかの会社の株を売ったり、
借入を減らして利息が減ったりしても、利益は増えるね。

 会社っていろんな活動をして
利益を増やしているんだね。

これらの活動は
商品の仕入や販売のように会社の主要な事業であったり、
株の売買のような付随的な事業であったり、
工場の処分など、めったに生じない例外的なものであったり
するよね。

そうした会社のさまざまな活動のうち、
どういった種類の活動によって会社が利益を稼いでいるか、
本業で利益を得ているのか、そうでないのか、
それらの利益は今後継続的に生まれるのか、
などを明示するために
損益計算書はいくつかの区分に分けた形式になっているんだ。

 POINT 損益計算書は、会社がどのような種類の活動によって利益を
生み出しているかを示すため、いくつかの区分に分かれている。

損益計算書のくわしい中身は第3章で説明するね。

● 貸借対照表の仕組みは どうなっているの?

つぎに貸借対照表について説明しよう。

貸借対照表は、ある時点の状態を示すものだったね。

貸借対照表

区　分	金　額		区　分	金　額	
資産の部			**負債の部**		
Ⅰ　流動資産			Ⅰ　流動負債		
1　現金及び預金		300	1　支払手形及び買掛金		400
2　受取手形及び売掛金	500		2　短期借入金		400
貸倒引当金	△20	480	3　未払法人税等		600
3　有価証券		200	4　繰延税金負債		100
4　棚卸資産		300	5　引当金		
5　繰延税金資産		100	製品保証引当金	50	
6　その他		300	賞与引当金	150	200
流動資産合計		1,680	6　その他		100
Ⅱ　固定資産			流動負債合計		1,800
（1）有形固定資産			Ⅱ　固定負債		
1　建物及び構築物	1,000		1　社債		500
減価償却累計額	△300	700	2　長期借入金		300
2　機械装置及び運搬具	500		3　繰延税金負債		60
減価償却累計額	△200	300	4　退職給付に係る負債	500	500
3　土地		800	5　その他		200
4　建設仮勘定		200	固定負債合計		1,560
5　その他	300		負債合計		3,360
減価償却累計額	△200	100			
有形固定資産合計		2,100	**純資産の部**		
（2）無形固定資産			Ⅰ　株主資本		
1　特許権		100	1　資本金		500
2　のれん		400	2　資本剰余金		500
3　その他		200	3　利益剰余金		1,000
無形固定資産合計		700	4　自己株式		△200
（3）投資その他の資産			株主資本合計		1,800
1　投資有価証券		500	Ⅱ　その他の包括利益累計額		100
2　長期貸付金	400		1　その他有価証券評価差額		50
貸倒引当金	△20	380	2　為替換算調整勘定		50
3　繰延税金資産		200	その他の包括利益累計額合計		100
4　その他		100	Ⅲ　新株予約権		100
投資その他の資産合計		1,180	Ⅳ　非支配株主持分		300
固定資産合計		3,980	純資産合計		2,300
資産合計		5,660	負債・純資産合計		5,660

貸借対照表も日本の会計基準とIFRSでは科目が異なるのだけど
これは日本の会計基準のものだね。

貸借対照表には、
株主から出資を受けたお金や債権者から借りたお金が
期首や期末などのある時点において
どのような状態にあるかという情報が記載されるんだ。

 貸借対照表も難しそうだね。

ごちゃごちゃして難しそうだけど、
勘定科目の種類によって記載される場所は
つぎのように決まっているんだ。

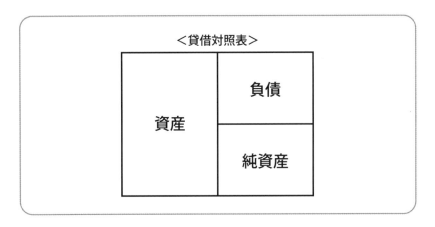

左側に資産、右側に負債と純資産があるね。

このうち右下にある純資産が、**株主が出資した金額**と、
増やした利益のうち株主に返さずに会社にとどめた金額
を示していて、
右上の負債が、**会社が銀行などから借りることで調達した金額**
を示しているんだ。
そうすると、貸借対照表の右側は、会社がお金をどこから
どれだけ集めたかを示しているといえるね。

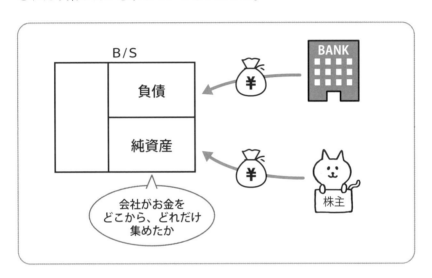

 会社がどうやってお金を集めたかによって
記載される場所が違うんだね。

また、前に説明したように、会社が集めたお金は
商品や工場など別の資産に姿を変えるよね。

つまり、貸借対照表の右側にある負債と純資産が
会社が過去にお金を集めたときに実際にいくら集めたか、
を示し、貸借対照表の左側の資産が
集めたお金が今どのような状態になっているか、を示すんだ。

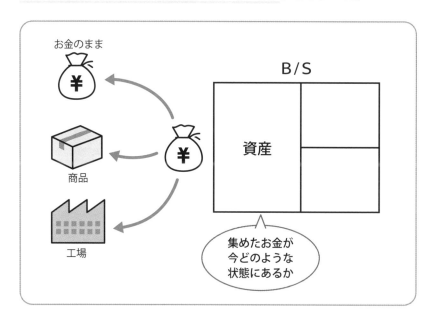

つまり貸借対照表は、**会社が過去にお金をどのように集めて
そのお金が今どのような状態にあるか**を示すものってことだね。

 貸借対照表は、会社が過去にお金をどのように集めて
そのお金が今どのような状態にあるかを示す。

 貸借対照表は、
過去と今の情報を示すんだね。

それだけではなく、貸借対照表からは、
将来の情報も読み取ることができるんだ。

**資産、負債、純資産は、それぞれ過去の情報を示すと同時に
その裏返しで将来の情報も表している**んだよ。

 過去と将来の情報を示すってどういうこと？

たとえば負債は、
会社が過去にお金を借りたことを示すだけでなく、
会社は借りたお金を将来返さないといけないから
将来それだけのお金が減少してしまうことも示すよね。

また資産は、
会社が過去にお金を使って資産を取得したことを示すだけでなく、
その資産から**将来より多くのお金が回収できるはず**、
ということも示しているんだ。

 借りたお金を将来返すのはわかるけど、
資産についてはよくわからないな。

たとえば商品という資産科目を考えてみると、
会社がお金を払って商品を仕入れるのは、
その商品が仕入れた値段よりも高く売れると考えたからだよね。

また工場という資産科目について考えてみると、
会社が工場を建てるのは、**工場を建てるための値段よりも
工場から生み出されるお金の増加が大きいと考えたから**だよね。

 何となくわかる気もする。
使ったお金以上にお金が戻ってこないと
お金を使う意味はないものね。

だから、資産の金額は
将来その金額以上にお金が増えるはず
ということを示しているといえるんだ。

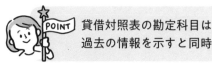

POINT　貸借対照表の勘定科目は
過去の情報を示すと同時に将来の情報も示している。

● 貸借対照表は「資産の回転」に注目しよう

会社は調達したお金で、工場を建てたり設備を買ったりするよね。

その工場や設備を使い、給料や経費を払って、
製品を作ったり商品を仕入れたりしているね。

その製品や商品、サービスをお客さんに売って、
売掛金（うりかけきん）を計上し、売掛金を回収することで
お金を増やしているんだ。

売掛金は、商品などを売る時点ではお金を受け取らずに
将来お金を受け取る権利のことだよ。

今のサイクルをお金の状態に着目して説明すると、
①お金が工場や建物になって
②そこから製品や商品が生み出されて
③商品などが売掛金になって
④売掛金がお金として戻ってくる
というふうに回転しているね。

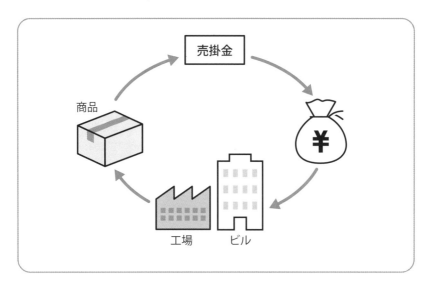

貸借対照表の資産の情報は
お金がこの回転の中のどの状態にあるかを示しているんだ。

> 会社が集めたお金は、工場→製品→売掛金→お金
> というふうに回転している。
> 貸借対照表の資産の情報は
> お金がこの回転の中のどの状態にあるかを示している。

実際の貸借対照表の資産の部を見てみよう。

```
（資産の部）
Ⅰ　流動資産
　　1　現金及び預金　　　　　　300
　　2　受取手形及び売掛金　　　480
　　3　有価証券　　　　　　　　200
　　4　棚卸資産　　　　　　　　300
　　　　　　　⋮
Ⅱ　固定資産
　（1）　有形固定資産
　　1　建物及び構築物　　　　　700
```

上から順に、現金及び預金、受取手形及び売掛金、
棚卸資産、建物及び構築物というふうに並んでいるね。
さっきの回転でいうと、工場―製品―売掛金―お金
という順に、下から記載されているね。

つまり、貸借対照表では、
お金になるまでの時間が短い順に上から並んでいるんだ。

POINT　貸借対照表では、お金になるまでの時間が短い順に
　　　　上から並んでいる。

また、貸借対照表の資産の金額は
将来その金額以上のお金が戻ってくるはず
ということを示しているんだ。

その金額じゃなくて、
金額以上のお金が戻ってくるの？

たとえば商品は、仕入れたときの値段で
貸借対照表に計上されているんだ。
貸借対照表で「商品100千円」となっている場合、
その商品は100千円（10万円）で仕入れたってことを示すんだよ。

会社は、その商品を
将来100千円よりも高い金額で売るはずだね。
仕入れた金額より高く売らないと会社は儲からないからね。

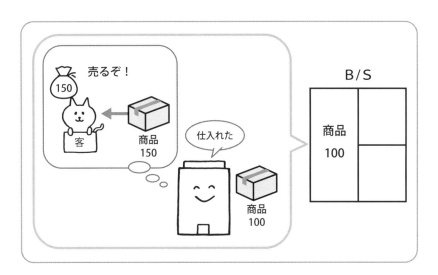

また、工場や建物の金額も、それ以上のお金が
将来会社にもたらされることを示しているんだ。

 工場や建物も、売ればお金が増えるものね。

たしかにそうだけど、会社が工場や建物を取得するのは
それ自体を売ってお金を増やすためではないよね。
工場や建物を使って、製品を作ったり事業を営んだりすることで
間接的にお金を増やすことが目的だね。

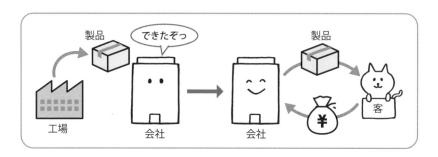

会社が工場や建物を建てるためにお金を払うのは、
その工場や建物を事業で用いることで
支払ったお金より多くのお金を回収するためなんだ。

 そうか。
支払ったお金よりもたくさん稼がないと
工場や建物を建てた意味がないものね。

このように貸借対照表の左側にある資産は、
過去にお金が姿を変えたという情報だけでなく、
将来その金額以上のお金が会社にもたらされるはず
という情報も示しているんだ。

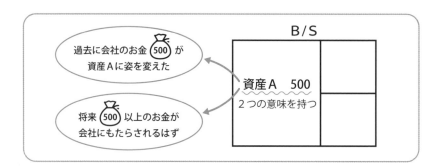

POINT 資産は、過去にお金が姿を変えたものであり、同時に将来その
金額以上のお金が会社にもたらされるはずのものである。

●「負債」と「純資産」を見れば 「お金の調達元」がわかる

貸借対照表の右上にある負債は、
過去に借入によって集めたお金の額を示すと同時に、
将来返さなければならないお金の額を示しているんだ。

負債があるってことは、
将来会社のお金が減ってしまうってことだよね。

ということは、
負債は会社にとってよくないものなんだね。

必ずしもそうではないんだよ。
この点については第6章でくわしく説明するね。

また、貸借対照表の右下にある純資産も
お金の調達元を示すんだ。

会社は設立の際に株主からお金を集めるよね。
また設立時だけでなく、お金が必要になったときに
新たに株式を発行して株主からお金を集めることもあるんだ。

このように**株式を発行して株主からお金を調達した**場合、
その調達した金額が純資産になるんだよ。

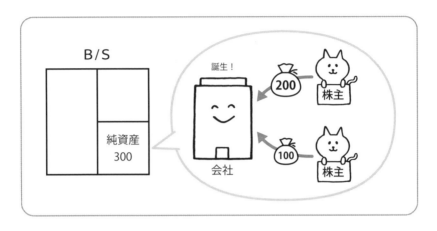

また、**会社が生み出した利益のうち、株主に配当せずに
取っておく部分**を利益剰余金（りえきじょうよきん）といって、
これも純資産になるんだ。

 どうして株主に配当しないで取っておく部分が
純資産になるの？

利益剰余金は、株主に返すべきお金を取っておく、
ということだから、株主からお金を調達したのと同じなんだ。

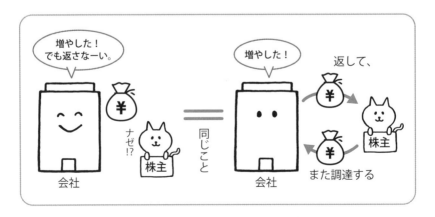

このように、純資産の情報は、
会社が株主から調達したお金の額を示すといえるね。

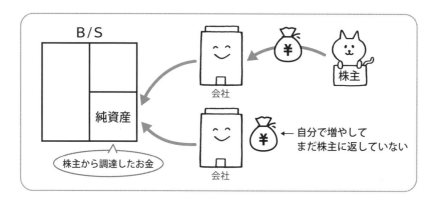

● 居場所が左側の科目が「借方科目」、右側の科目が「貸方科目」

ここで貸借対照表の形式を思い出してみよう。

貸借対照表の左側には資産の勘定科目、
右側には負債と純資産の勘定科目があるね。

資産の居場所は左側と決まっていて、
負債と純資産の居場所は右側と決まっているんだ。

資産のように左側が居場所の勘定科目を
借方科目（かりかたかもく）といって、
負債や純資産のように、右側が居場所の勘定科目を
貸方科目（かしかたかもく）というんだ。

損益計算書の勘定科目である費用や収益も居場所が
決まっていて、費用は借方科目で、収益は貸方科目なんだよ。

借方科目？　貸方科目？
借方とか貸方ってどういう意味？

決算書においては、左側を**借方**（かりかた）、
右側を**貸方**（かしかた）というんだ。
借りるとか貸すとか考えるとわからなくなるから、
つぎのように覚えてしまおう。

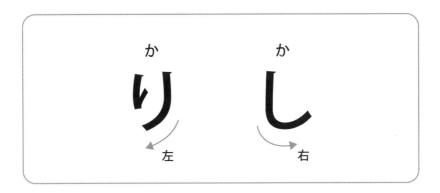

資産や費用のように左側が居場所の科目を借方科目という。
負債、純資産、収益のように右側が居場所の科目を貸方科目と
いう。

貸借対照表の借方と貸方は、必ず金額が一致するんだ。

どうして一致するの？

貸借対照表の貸方はお金の調達元を示し、
借方はそのお金がどのような状態にあるかを示している
のだったね。▶P29

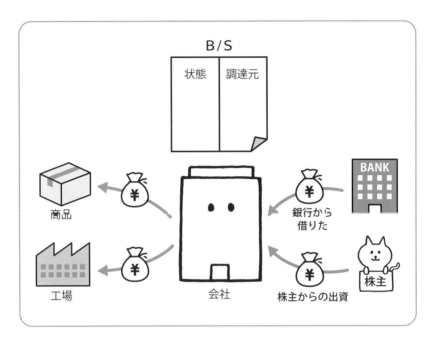

調達したお金は、
お金のままか、何かに投資されているか
または利益になって株主のものになっているはずだから
貸方と借方は必ず一致するんだ。

POINT

貸借対照表は、貸方がお金の調達元を示し、
借方が調達したお金がどういう状態にあるかを示す。
そのため、貸借対照表の貸方と借方の金額は
必ず一致する。

また、資産は、会社に将来お金の増加をもたらすもので、
負債は、会社に将来お金の減少をもたらすものだよね。

将来のお金の増加から
将来のお金の減少を引いたものが純資産だから、
純資産は将来会社に残るお金を示しているともいえるね。

この会社に残るお金が株主のものになるんだ。

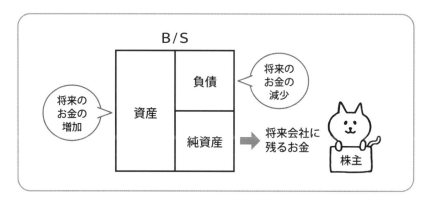

このように、貸借対照表は、
将来のお金の増加から減少を引くことで
将来会社に残るお金、つまり株主の持分を示す、
ことになるね。

 純資産は、資産から負債を引いたものであるから、
将来会社に残るお金、つまり株主の持分を示す。

● 会社の活動の2つの側面を記録する 「複式簿記」

決算書を読む際には、
**決算書の数値がどのように生まれたのか、
その背後にある会社の状態や活動の実態まで
想像して読む**必要があるんだ。

そうすることで、決算書から
より多くの情報を得ることができるんだよ。

どうすれば決算書から
会社の活動なんかを読み取ることが
できるの？

**会社の活動がどのようなルールに基づいて
決算書の数値になるか**を理解しておく必要があるんだ。

ルール？
決算書の作り方ってこと？

そうだね。

会社が商品を売ったりお金を借りたりといった活動は、
複式簿記（ふくしきぼき）というルールに従って記録されて、
その記録されたデータが集まって決算書になるんだ。

だから、複式簿記のルールがわかれば、
決算書の数値が、会社のどのような活動によって
生まれたものなのかを理解できるようになるんだ。

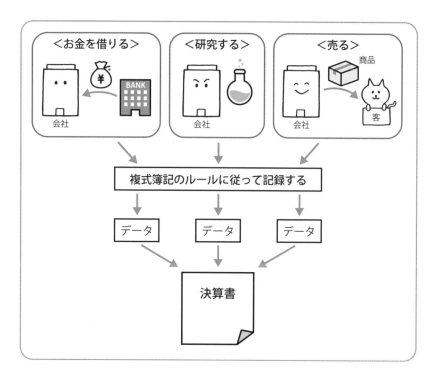

そこで、決算書を読む際に必要な最低限の
複式簿記のルールについて説明しよう。

まず、複式簿記に限らず会計の世界では、
借方（左側）と貸方（右側）があって
左右の金額はつねに一致するんだ。

 そういえば、貸借対照表も左と右は一致していたね。

そうだね。
また資産と費用は借方科目、
負債と純資産と収益は貸方科目というように、
勘定科目の種類によって居場所が決まっていたよね。

この借方科目、貸方科目は、
それぞれの居場所に記録されればプラス、
逆に記録されればマイナスということになるんだ。

たとえば、資産や費用は借方科目だから、
左側に記録されればプラス、右側に記録されればマイナス、
になるんだ。

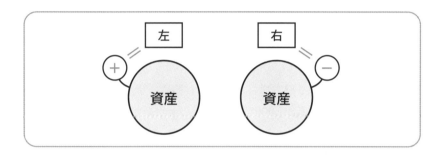

資産が左側に記録されるのはわかるけど、
右側に記録されることってあるの？

たとえば
会社がある活動をしてその結果お金が減った場合、
資産であるお金の減少を記録するため
現金預金の勘定科目を右側に記録するんだ。

逆に、負債や純資産や収益は貸方科目だから、
右側に記録されればプラスで左側だとマイナスってことだね。

資産、費用は借方科目であり、
左側に記録されればプラスで、右側だとマイナスになる。
負債、純資産、収益は貸方科目であり、
右側に記録されればプラスで、左側だとマイナスになる。

うーん、わかりにくいね。

たとえば、会社のお金が増える例として
会社が銀行などからお金を1,000千円（100万円）借りる
というものがあるよね。

お金は資産で借方科目だから、左側に「現金預金1,000千円」と
計上することで、現金預金が1,000千円増えたことが記録されるんだ。

また、借入金は負債で貸方科目だから、右側に「借入金1,000千円」と
計上することで、負債が1,000千円増えたことが記録されるんだ。

現金預金と借入金が
両方増えたってことなんだね。

そうだね。
これをまとめると

> （借方）現金預金　1,000　　（貸方）借入金　1,000

というようになるね。

簡略的に

> 現金預金　1,000　／　借入金　1,000

と書くこともあるよ。

たとえば、
資産5,000千円、負債2,000千円、純資産3,000千円の会社であれば、
この1,000千円を借りるという取引によって
資産6,000千円、負債3,000千円、純資産3,000千円になるね。

資産が1,000千円増えて、
負債も1,000千円増えたんだね。

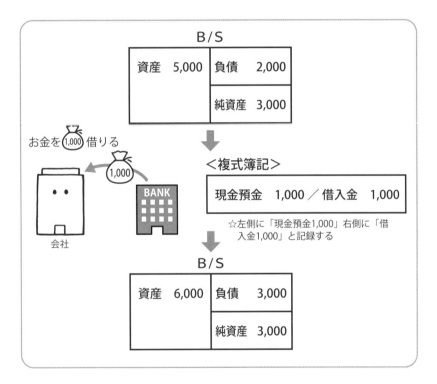

このように会計の世界では、**ひとつの活動について
2つの側面をデータとして記録する**んだ。

2つの側面って
資産が増えて負債も増えたってこと？

そうだね。

お金を借りるという活動について、

お金という資産が1,000千円（100万円）増えたという側面と
借入金という負債が1,000千円増えたという側面の
２つの側面を記録するってことだね。

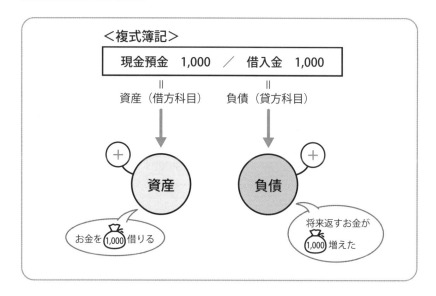

つぎに、会社が給料300千円（30万円）を支払った場合を考えてみよう。

この場合、会社のお金が300千円減るから、
現金預金300千円が貸方（右側）に計上されるんだ。

借方科目である現金預金が貸方に計上されることで、
会社のお金が減ったことが記録されるんだよ。

 そうか。
借方科目は、借方にあればプラスだけど、
貸方にあるとマイナスなんだね。

その通りだね。

また、給料は費用で借方科目だから、
借方（左側）に計上されることで
会社の費用が増えたことが記録されるんだ。

給料を支払うという活動について
お金という資産が300千円減ったという側面と
給料という費用が300千円生じたという側面の
2つの側面が記録されるね。

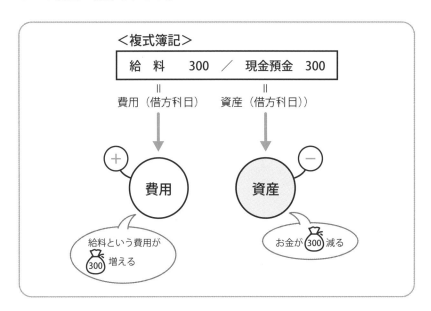

＜複式簿記＞

| 給　料 | 300 | ／ | 現金預金 | 300 |

費用（借方科目） 　　資産（借方科目）

（＋）費用 ← 給料という費用が300増える

（－）資産 ← お金が300減る

POINT **会計では、会社の活動の2つの側面を同時に記録する。**

 会社の活動にはすべて2つの側面があるの？

そうだね。

正確には、会社の活動のすべてが
会計処理されるわけではないのだけど、
**会計上記録される活動はつねに
貸借が一致するようになっている**んだ。

今の、給料を支払うという事例なら、
給料が300千円発生したという情報は
損益計算書に記載されて利益の計算に用いられ、
現金預金が300千円減ったという情報は
貸借対照表に記載されるんだ。

この取引と決算書の関係を示すとつぎのようになるね。

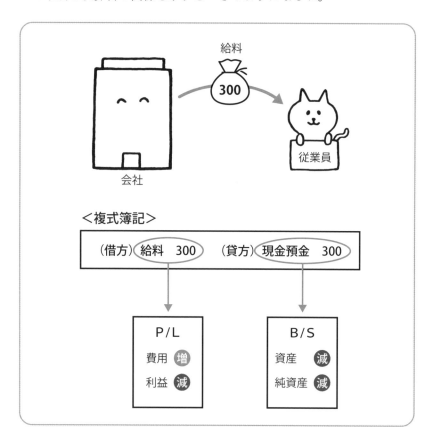

● 決算書と複式簿記の関係

決算書と複式簿記のルールとの関係を
もう少し掘り下げて考えてみよう。

たとえば貸借対照表の右側に
「借入金1,000千円」（100万円）と記載されていたとするね。

（負債の部）
借入金　1,000

これは、過去に1,000千円のお金を借りたときに
つぎのような記録をしたからだといえるね。

（借方）現金預金　1,000　　（貸方）借入金　1,000

 ということは、貸借対照表の左側には
現金預金1,000千円があるんだね。

お金を借り入れた時点ではそうだね。

でも、借りることで増えた1,000千円は
お金として残っているかもしれないけど、
ほかの資産や費用に姿を変えているかもしれないんだ。

たとえば100千円（10万円）を使って材料を取得すると、
現金預金という資産が100千円減って
材料という資産が100千円増えるから、
貸借対照表上ではつぎのような変化が生じるね。

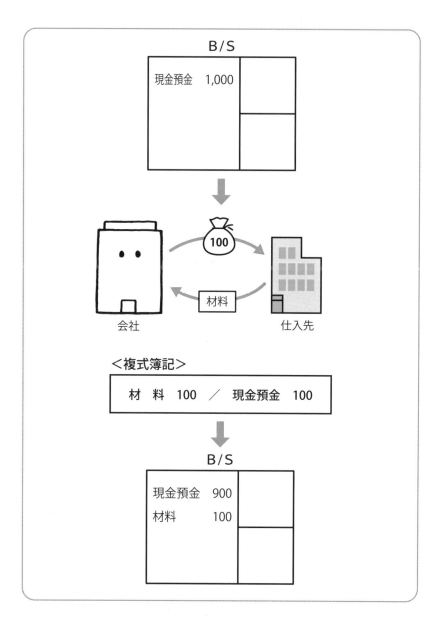

また、この100千円を資産の取得ではなく
家賃の支払に使ったとすると
現金預金という資産が100千円減って
家賃という費用が100千円増えるね。

家賃は費用科目で損益計算書に記載されるから、
貸借対照表と損益計算書は
つぎのような変化が生じるんだ。

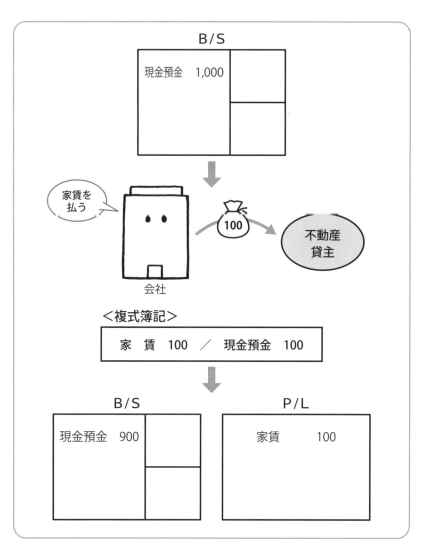

 そうか、借りた1,000千円がいつまでも
お金として残っているとは限らないんだね。

そうだね。
また、将来この借りたお金のうち500千円を返すときには
会社のお金が減って借入金も減るから

> （借方）借入金　500　　（貸方）現金預金　500

と記録するんだ。

負債科目である借入金が左側に計上されることで、
借入金の減少が記録され、資産科目である現金預金が
右側に計上されることで現金の減少が記録されるんだよ。

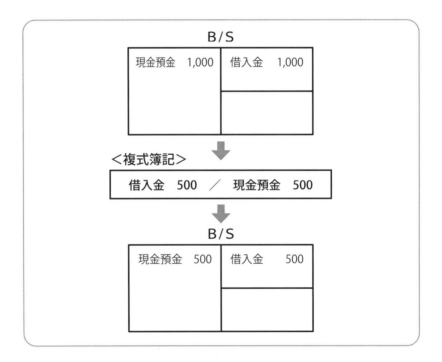

つまり、現時点で借入金が計上されているということは、
過去において会社のお金が借入によって増えたという情報と
将来において借入を返済することによってお金が減るという情報
の２つを示すってことだね。

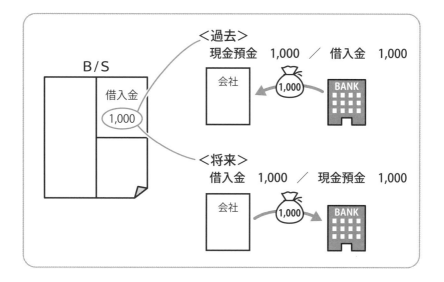

● 決算書には 「連結決算書」と「個別決算書」がある

前にも少し説明したけど、
決算書には、連結決算書と個別決算書があるんだ。

 決算書って、貸借対照表や損益計算書のほかに
まだ別の種類があるの?

決算書の種類というより、その決算書の対象が
ある会社だけか、いくつかの会社のグループか
という違いなんだ。

個別決算書（こべつけっさんしょ）は
ある会社だけを対象とした決算書のことで、
連結決算書（れんけつけっさんしょ）は
**その会社の子会社や関連会社も含めたグループを
ひとつの会社として作成した決算書**のことなんだ。

子会社、関連会社って
どういう意味？

たとえばA社がB社を支配している場合、
B社はA社の**子会社**（こがいしゃ）になるんだ。

関連会社（かんれんがいしゃ）は、
支配まではしていなくても
ある会社が重要な影響を及ぼすことのできる会社のことなんだ。

 ある会社が支配している会社を子会社といい、
重要な影響を及ぼしている会社を関連会社という。
子会社と関連会社も含めたグループをひとつの会社として
作成した決算書を連結決算書という。

 会社がほかの会社を支配したりできるの？

A社がB社の株式の過半数を持っていれば、
B社に関して重要なことをA社が決めることができるんだ。

過半数を持っていなくても、
契約など何らかの形で支配していれば
B社はA社の子会社になるんだよ。

逆に支配しているA社のことを
親会社（おやがいしゃ）というんだ。

こうした子会社は、**親会社の一部分と同じ**だから、
子会社や関連会社も含めたグループをひとつの会社と考えて
決算書を作ることにしているんだ。

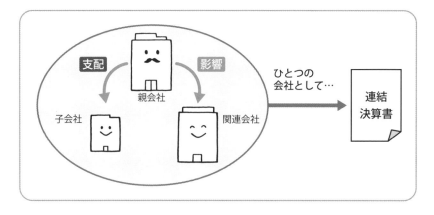

ひとつの会社と考えて作成する、というのは
グループ会社間の取引はなかったことにするってことなんだ。

なかったことにするって
決算書に載らないってこと？

そうだね。
たとえば親会社から子会社に商品を売った場合、
親会社で計上された売上も子会社で計上された仕入も消去して
決算書には載らないようにするんだ。

どうして決算書に載せないの？

こうした取引は、グループをひとつの会社として見れば
会社の中で商品が移動しただけに過ぎないから、
あくまでグループ外との取引だけを
連結決算書に載せるようにしているんだよ。

連結決算書では、グループ内の取引は計上されない。

決算書を分析する際は、
連結決算書を対象にするのが普通なんだ。

 どうして個別決算書じゃなくて
連結決算書が対象なの？

たとえば、子会社が製造や販売を担当している場合、
そうした子会社を除いて決算書を作っても
実態を正しく表さないよね。

また、親会社は子会社を支配しているから、
都合の悪い部分を子会社に押し付けることもできてしまうね。

そのため、連結決算書を分析の対象にするのが一般的なんだ。
単に決算書という場合も、連結決算書を指すことが多いね。

 POINT 決算書を分析する場合は、
連結決算書を対象とすることが多い。

この本では、とくに断りがない限り
連結決算書を前提に説明するね。

■ 連結と個別の数値を比較する 「連単倍率」

 ということは、個別決算書のことは
考えなくていいんだね。

必ずしもそうではないんだ。
連結決算書の数値と個別決算書の数値を比較することで、
ある連結決算書の指標がよくなったり、悪くなったりしたときに
親会社と子会社のどちらがその原因になっているのかを
突き止めることができるんだよ。

たとえば、
親会社単独の利益が200万円なのに
連結の利益が100万円である場合、
子会社が足を引っ張っているということがわかるね。

ある数値や指標について、
連結と個別の数値を比較したものを
連単倍率（れんたんばいりつ）というんだ。

 POINT 連単倍率を見ると、親会社と子会社のどちらが
連結の指標の変化の原因となっているかがわかる。

また、**株主に支払われる配当は**
個別の決算書の数値に基づいて計算されるんだ。

だから株主は、親会社の個別決算書でも
ちゃんと利益が出ているかをチェックする必要があるんだよ。

第 2 章

「貸借対照表の読み方」
の基本

貸借対照表は、会社がどこからお金を調達し、調達したお金がどのような状態にあるか、を示すものです。また貸借対照表から、会社の過去と将来を読み取ることができます

●「貸借対照表」ってどんなもの？

貸借対照表は、左側（借方）に「資産の部」
右側（貸方）に「負債の部」と「純資産の部」があるのだったね。
実際の貸借対照表をもう一度見てみよう。

貸借対照表

区　分	金　額		区　分	金　額	
資産の部			**負債の部**		
Ⅰ　流動資産			Ⅰ　流動負債		
1　現金及び預金		300	1　支払手形及び買掛金		400
2　受取手形及び売掛金	500		2　短期借入金		400
貸倒引当金	△20	480	3　未払法人税等		600
3　有価証券		200	4　繰延税金負債		100
4　棚卸資産		300	5　引当金		
5　繰延税金資産		100	製品保証引当金	50	
6　その他		300	賞与引当金	150	200
流動資産合計		1,680	6　その他		100
Ⅱ　固定資産			流動負債合計		1,800
（1）有形固定資産			Ⅱ　固定負債		
1　建物及び構築物	1,000		1　社債		500
減価償却累計額	△300	700	2　長期借入金		300
2　機械装置及び運搬具	500		3　繰延税金負債		60
減価償却累計額	△200	300	4　退職給付に係る負債		500
3　土地		800	5　その他		200
4　建設仮勘定		200	固定負債合計		1,560
5　その他	300		負債合計		3,360
減価償却累計額	△200	100			
有形固定資産合計		2,100	**純資産の部**		
（2）無形固定資産			Ⅰ　株主資本		
1　特許権		100	1　資本金		500
2　のれん		400	2　資本剰余金		500
3　その他		200	3　利益剰余金		1,000
無形固定資産合計		700	4　自己株式		△200
（3）投資その他の資産			株主資本合計		1,800
1　投資有価証券		500	Ⅱ　その他の包括利益累計額		100
2　長期貸付金	400		1　その他有価証券評価差額		50
貸倒引当金	△20	380	2　為替換算調整勘定		50
3　繰延税金資産		200	その他の包括利益累計額合計		100
4　その他		100	Ⅲ　新株予約権		100
投資その他の資産合計		1,180	Ⅳ　非支配株主持分		300
固定資産合計		3,980	純資産合計		2,300
資産合計		5,660	負債・純資産合計		5,660

貸借対照表の右側がお金の調達元を示し、
左側が調達したお金の状態を示すのだったね。

そうだったね。
だから貸借対照表の右と左は
数値が一致するんだよね。

その通りだね。
また、貸借対照表は、
将来のお金の増加を示す資産から
将来のお金の減少を示す負債を引くことで、
将来会社に残る株主の持ち分を示すのだったね。

貸借対照表から
過去と将来を読み取ることが
できるんだよね。

もうひとつ重要な点として、貸借対照表では、
早くお金の増減が生じるものほど
貸借対照表の上のほうに記載されているのだったね。

たとえば、商品と工場はどちらも資産だよね。

商品は売ればすぐにお金になるから、
貸借対照表の上のほうに記載されるんだ。

これに対して、
工場は何年にもわたって製品を生み出すなどして
収益の増加に貢献することで回収できるものだから、
貸借対照表の下のほうに記載されるんだ。

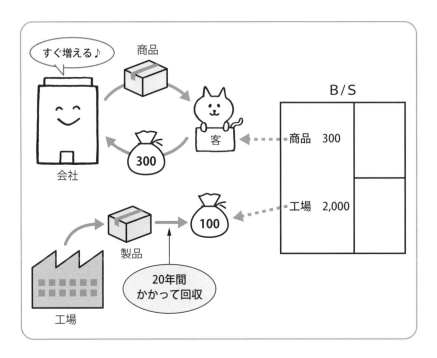

商品や売掛金のように、
すぐに会社のお金に変わる資産を
流動資産（りゅうどうしさん）というんだ。

逆に、建物や工場などのように、
お金になるまでの期間が長い資産を
固定資産（こていしさん）というんだ。

正確には**受取手形**（うけとりてがた）や**売掛金**（うりかけきん）、
商品などは原則として流動資産になって、
それ以外の資産は1年以内にお金になるかどうかで
区分するんだ。

おもに1年以内に会社のお金を増加させる資産を流動資産、
1年を超えて会社のお金を増加させる資産を固定資産という。

 受取手形って何？

売掛金と同じように、
商品を売ったときにお金ではなく
手形という証書で受け取るものなんだ。

受取手形は期日になればお金がもらえるのだけど、
期日前でも銀行で利息を払ってお金にすることもできるんだ。

負債も同じように、支払手形や買掛金、
それに1年以内に会社のお金が減少する負債を
流動負債（りゅうどうふさい）というんだ。

支払手形（しはらいてがた）は受取手形の逆で、
会社が商品などを仕入れるときに
お金を払わずに手形で支払ったものだね。

これに対して、1年を超えて会社のお金が減少する負債を
固定負債（こていふさい）というんだ。

POINT　おもに1年以内に会社のお金が減少する負債を流動負債、
1年を超えて会社のお金が減少する負債を固定負債という。

●「貸借対照表」は 「お金の増減のタイミング」で順に並ぶ

一般的な貸借対照表は、早くお金の増減が生じるものから
つまり、**流動→固定**の順で記載されているんだ。

```
（資産の部）              （負債の部）
 Ⅰ　流動資産             Ⅰ　流動負債
 Ⅱ　固定資産             Ⅱ　固定負債
　　(1)　有形固定資産      （純資産の部）
　　(2)　無形固定資産      Ⅰ　株主資本
　　(3)　投資その他の資産  Ⅱ　その他包括利益累計額
 Ⅲ　繰延資産             Ⅲ　新株予約権
                        Ⅳ　非支配株主持分
```

 どうして流動と固定で分ける必要があるの？

会社にとって、お金の増減のタイミングは
とても重要なんだ。

お金の増減のタイミングを間違えるだけで
利益を上げている会社が倒産してしまうこともあるんだよ。

 えっ、そうなの？
利益を上げていれば
倒産することはないんじゃないの？

利益に関係なく、支払手形を期日までに支払えないと
銀行取引が停止されて、事実上倒産してしまうんだ。

貸借対照表が流動と固定に分かれていることと
お金の増減のタイミングとの関係については、
第6章でくわしく説明するね。

ここでは、貸借対照表にあるそれぞれの項目のうち
代表的なものについて見ていこう。

●「流動資産」をくわしく見てみると……？

まず、I 流動資産について説明しよう。

流動資産の部分をくわしく見ると、
つぎのようになっているね。

（資産の部）		
I　流動資産		
1　現金及び預金		300
2　受取手形及び売掛金	500	
貸倒引当金	△20	480
3　有価証券		200
4　棚卸資産		300
5　繰延税金資産		100
6　その他		300
流動資産合計		1,680

現金及び預金は、たとえば3月31日時点の貸借対照表であれば、
3月31日に会社が保有している現金や預金のことだね。

また、**受取手形及び売掛金**は、会社が商品などを販売して、
その代金を将来受け取る権利だったね。

■「貸倒引当金」の 「引当」ってどういう意味？

受取手形及び売掛金のつぎにあるのが
貸倒引当金（かしだおれひきあてきん）だね。

貸倒れ（かしだおれ）は、貸したお金や売掛金などの債権が
返済されなくなってしまうことをいうんだ。

 お金を借りた人が借金を返さないってこと？
そんなことをしてもいいの？

もちろんいけないことだけど、
たくさんの取引先のうちどこかが倒産したりして
売掛金や受取手形の一部が回収できなくなることは、
会社が事業をしていくうえでは避けられないんだよ。

 そうなんだ。
貸倒れの意味はわかったけど、
引当金ってどういう意味？

引当金は、**将来発生する損失に備えて
あらかじめ費用を発生させておくためのもの**なんだ。

引当金を計上することで、
資本の金額の将来のお金の増加を示すと同時に、
将来実際にお金が減ったときに費用を発生させずに済むんだよ。

お金が減っても費用にならないって
そんなことできるの？

たとえば500千円（50万円）の売掛金のうち、
過去の経験や相手先の状況から考えて
返済されないと予想される部分が20千円だったとしよう。

この場合、返済されないことがある程度予想できた時点で、
売掛金の金額を減らすんだ。

相手先の経営状態が悪くてお金が返済されない可能性が高いのに
売掛金の金額がそのまま載っていたら、
貸借対照表を読む人が誤解してしまうからね。

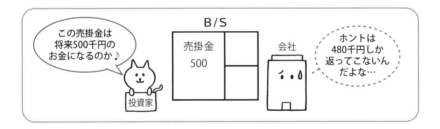

そこで、返済されないと見込まれる20千円を
貸倒引当金として計上することで、
売掛金から貸倒引当金を引いた金額が
将来のお金の増加を示すようにしているんだ。

今の例でいうと、貸借対照表上の売掛金500千円から
貸倒引当金20千円をマイナスすることによって、
売掛金の金額が差額として480千円になるようにしているんだ。

売掛金	500	
貸倒引当金	△20	480

この480千円が、将来増えるお金の額を示しているんだね。

そうだね。

 POINT 引当金は、将来の損失に備えて、将来のお金の減少額を
あらかじめ費用として計上したことを示す科目である。

このようにして、貸倒引当金を計上することで、
将来実際に貸倒れが生じたときに費用が生じずに
当期に費用が生じるんだ。

 どうして引当金を計上すると
そんなことが起きるの?

貸倒引当金を計上する際には、同時に
貸倒引当金繰入額（かしだおれひきあてきんくりいれがく）
という費用を発生させるんだ。

具体的には、複式簿記では
つぎのような方法で記録をしているんだよ。

（借方）貸倒引当金繰入額　20　　（貸方）貸倒引当金　20

貸倒引当金が貸借対照表に記載されて、
将来のお金の増加額を示すために
使われるよね。

また貸倒引当金繰入額は、
費用として損益計算書に記載されるんだ。

この20千円の費用は当期事業活動をするうえで
必要な費用だから、当期の損益計算書に計上するんだよ。

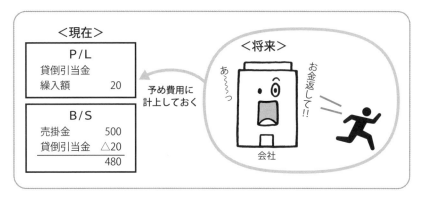

このように、前もって
貸倒引当金繰入額という費用を計上しておくことで、
将来相手先が倒産したときには費用が発生しないで済むんだ。

 どうして将来は費用が発生しないの？

費用を発生させる代わりに、
貸方に負債として計上してある貸倒引当金を
減少させるんだ。

たとえば
売掛金のうち10千円が返ってこなくなったときは、
貸倒引当金を借方に10千円計上するんだ。

> （借方）貸倒引当金　10　　（貸方）売掛金　10

既に計上してあった引当金20千円のうち10千円を
費用の代わりに使うってことだね。

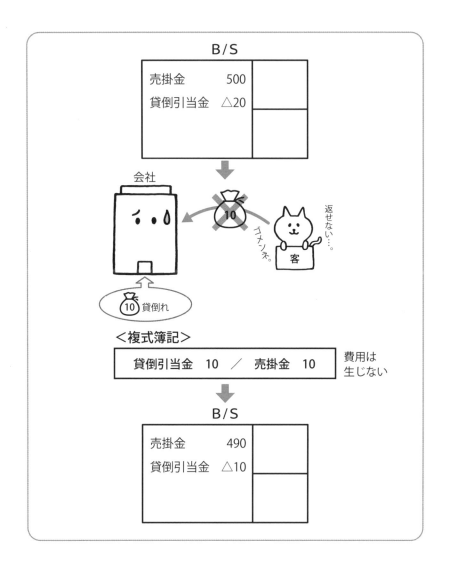

 そうか、前もって費用を発生させておいたから、
貸倒れが生じた時点では費用は生じない
ってことなんだね。

このように、引当金は将来のお金の減少に備えて
前もって費用を発生させるものだね。

つまり**引当金は、**
将来のお金の減少が予測されていることと
それに対応する費用はすでに計上されていることを
示すことになるね。

 POINT 引当金は、将来のお金の減少が予測されていることと
それに対応する費用はすでに計上されていることを示す。

●「棚卸資産（在庫）」が多いのと少ないのと どっちがいい？

流動資産の部に戻って、つぎの棚卸資産について説明しよう。

棚卸資産（たなおろししさん）は、
材料や商品・製品などのように
会社が仕入れたり作ったりしたもののうち
まだ残っている在庫のことなんだ。

 残っている在庫ってことは、
棚卸資産がたくさんある会社は
商品が売れていないってこと？

必ずしもそうではないけど、
同業他社と比較して棚卸資産が極端に多い会社は
会社が投資したお金がまだ回収されていない
ということだから、経営状態がいいとはいえないね。

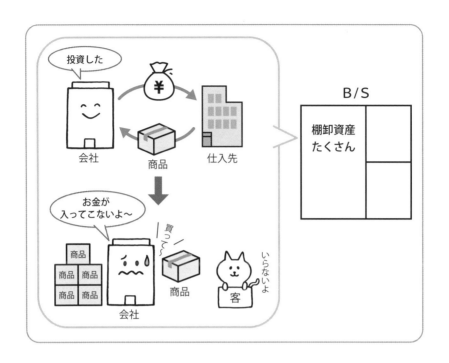

 それなら棚卸資産は
少ないほどいいんだね。

そこは難しいところで、棚卸資産が少ないと、
お客さんが欲しい商品が在庫切れで
せっかくの販売の機会を失ってしまうこともありえるよね。

ただ、同業他社と比べて棚卸資産が少ない会社は、
商品がどれくらい売れるかを正確に予測したり、
注文が入ったらすぐに生産できるような体制が整っている、
ということはいえるね。

 POINT 棚卸資産は、販売の機会を失わない程度に
少なく維持することが望ましい。

貸借対照表に「棚卸資産50千円」とあった場合、
過去に50千円（5万円）のお金を支払って
商品を購入したか製品を製造した、
ということがわかるね。

会社は、将来その商品が
50千円以上の値段で売れるはずと考えたから、
50千円のお金をかけて商品を仕入れたはずだね。

でも実際には、想定が外れたりして、
必ずしも50千円以上で売れるとは限らないんだ。

 人気がなくて売れ残ったりしたら、
値段が下がるものね。

そのように棚卸資産が陳腐化したり傷ついたりして、
期末の時点で資産として計上されている金額を
回収できないことが明らかになったときは、
資産の金額を減らすという処理を行なうんだ。

 資産の金額を減らすって
どのようにするの？

たとえば、50千円で仕入れた商品が
人気がなくなって40千円でしか売れなくなったとするね。

その場合、商品の金額を10千円減らして40千円にして、
減らした10千円を**評価損**という費用として計上するんだ。

（借方）棚卸資産評価損　10　　（貸方）棚卸資産　10

借方の棚卸資産評価損10千円が
費用として損益計算書に計上されて、
貸借対照表の棚卸資産が10千円少なくなるんだ。

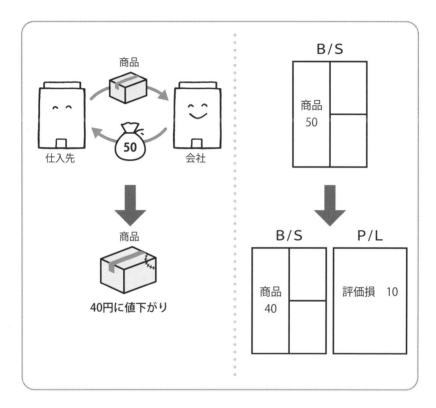

こうすることによって
棚卸資産の金額が将来のお金の増加額を示すようになるね。

 資産として計上されている金額を回収できないことが明らか
になったときは、資産の金額を減らして評価損を計上する。

何だかさっきの貸倒引当金に似ているね。▶P68

そうだね。

貸倒引当金も評価損も、

将来のお金の減少を現在の費用にする

という点では同じだね。

売掛金も棚卸資産も、

計上されている金額の分だけ

将来のお金の増加が見込めない場合には、

引当金や評価損を計上して**資産の金額を減らす**んだ。

そうすると貸借対照表の資産の金額は、

将来のお金の増加の下限を示すことになるね。

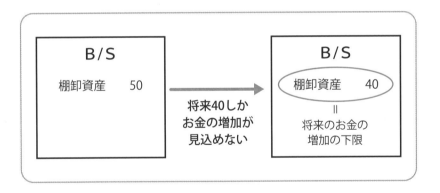

 POINT 貸借対照表の資産の金額は、
将来のお金の増加額の下限を示す。

● 流動資産の「有価証券」は 短期的に利益を得るためのもの

つぎの**有価証券**（ゆうかしょうけん）は
ほかの会社の株式や社債のことだね。

 株式はわかるけど、**社債**（しゃさい）って何のこと？

会社がお金を借りる際に、銀行などから借りるのではなく
社債を発行して投資家に買ってもらうこともできるんだ。

この社債は取得した側から見ると、有価証券になるんだよ。

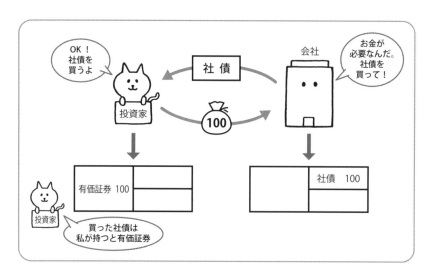

会社は、利息や配当、値上がりによる利益などを得るために、
ほかの会社の株式や社債を取得することがあるんだ。

会社がほかの会社の株式を取得する理由はほかにもあるけど、
おもに短期的に利益を得ることを目的として持っている

有価証券が、流動資産の部に記載されるんだよ。

● 売る可能性のある「有価証券」は 時価で評価する

会社が近い将来売る可能性のある有価証券は、
時価（じか）で評価するんだ。

 時価ってどういう意味？

時価の定義は難しいのだけど、
ここでは**現時点の価格**と思ってくれればいいよ。

たとえば株であれば、そのときの株価のことだね。

 POINT 時価とは、現時点の価格のことであり、
株であればそのときの株価を意味する。

たとえば、会社がX社株式を100千円（10万円）で買ったとするね。

その後、期末にX社の株価が80千円になった場合、

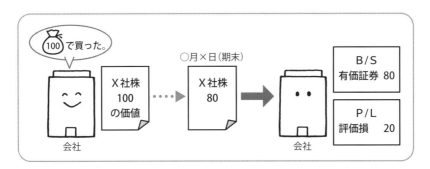

貸借対照表上の有価証券の金額を100千円から80千円に減らして
20千円の評価損を計上するんだ。

さっきの棚卸資産の評価損と
同じだね。

そうだね。
ただし有価証券は、**保有する目的によって分類して、
分類ごとに評価の方法を変えている**んだ。

有価証券によって
持ってる目的が違うの?

会社が持っている有価証券の中には、
株価が上がったときに売って儲けることが目的の株式や
満期までずっと持ち続けて利息を得る目的の社債、
子会社を支配するために持っている株式などがあるんだ。

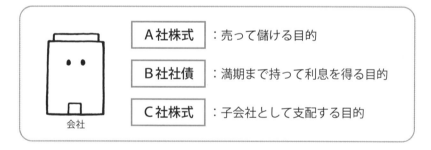

このうち
子会社を支配したり関連会社に影響を及ぼしたりするために
持っている株式は、売る予定のないものだね。

そうした株式を
売ったらいくらになるかを示す時価で評価しても意味がないから、
子会社株式や関連会社株式は時価が変動しても

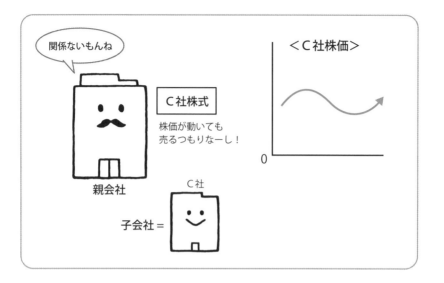

原則として貸借対照表上の金額は変えないんだ。

その代わり、子会社株式は連結の対象になるし、
関連会社株式には**持分法**（もちぶんぽう）が適用されるんだ。
これについてはあとで説明するね。

満期までずっと持っている予定の社債も、
売るつもりがないのだから時価で評価しても意味はないよね。

だから時価評価はしないのだけど、
取得時に支払った金額と満期に返済される金額に差がある場合、
その差額を期間に分けて配分するんだ。

ここでは、**満期まで持つ予定の社債は時価評価の対象には
ならない**と覚えておいてくれればいいよ。

 売る予定のある有価証券は
どう評価するの？

売って儲ける目的の有価証券は、
その時点で売ったらいくらになるかという情報が重要だよね。
だから売る可能性のある有価証券は時価で評価するんだ。
また、売る可能性のある有価証券は棚卸資産と違って、
時価が上がった場合も時価で評価するんだ。
この場合は**評価益**（ひょうかえき）が発生することになるね。

評価益？
評価損の逆ってこと？

そうだね。
100千円で買ったB社株式の期末の株価が130千円になった場合、
有価証券の金額を30千円増やして評価益を30千円計上するんだ。

売る予定のない有価証券は、原則として
時価が変動しても貸借対照表上の金額は変えない。
売る予定のある有価証券は、時価で評価するため
評価損・評価益が生じる。

ということは、持っている株式の株価が上がると、
会社の利益も増えるってことだね。

そうだね。
ただしその有価証券が頻繁に売買するものでなければ、
買った値段より時価が高くても、収益にはならないんだ。

頻繁に売買しない有価証券は、
その他有価証券（そのたゆうかしょうけん）というんだ。

その他有価証券は、買った値段より時価が高くても、
その差額は収益にはならないんだよ。

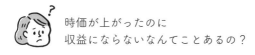
時価が上がったのに
収益にならないなんてことあるの？

収益にならないかわりに、純資産が直接増えるんだ。

たとえば、会社がD社株式を100千円で取得して、
期末のD社の株価が120千円だったとしよう。

D社が子会社や関連会社ではなく、
またD社株式を頻繁に売買する目的で取得したのではない場合、
D社株式はその他有価証券になるね。

ちなみにややこしいのだけど
貸借対照表上はその他有価証券という科目名ではなく、
投資有価証券という科目になるよ。

この場合、会社は20千円の収益を計上するのではなくて、
その他有価証券評価差額金（そのたゆうかしょうけんひょうかさがくきん）
という科目で純資産の金額を増やすんだ。

ただしこの場合、税率を40％とすると、
収益の20千円のうち8千円は税金で払わないといけないから

（借方）投資有価証券	20	（貸方）繰延税金負債	8
		その他有価証券評価差額金	12

という記録をするんだ。

これによって、投資有価証券の金額が20千円増えて、
負債が8千円、純資産が12千円増加するんだ。

繰延税金負債についてはあとで説明するね。

ここでは、その他有価証券の評価益は
収益ではなく純資産の増加になるということを覚えておこう。

また、ちょっと細かい話になるけど、
その他有価証券評価差額金がマイナスの場合
つまり時価が下がって評価損が生じている場合は、
評価損を費用にして損益計算書に計上する方法と、
費用にせず直接純資産を減らす方法があるんだ。

費用にした場合であっても、
損益計算書上で利益が減って
その分貸借対照表上で純資産が減るから、
貸借対照表に与える影響は同じだね。

投資有価証券の時価が下がった事実が
損益計算書に記載されて利益を減らすか、
利益は減らさずに直接純資産を減らすかの違いってことだね。

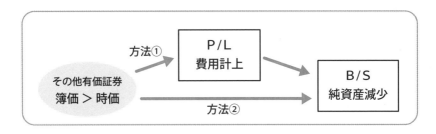

会社はどちらかの方法を選択して、継続して用いるんだよ。

> 頻繁に売買する有価証券は、評価損・評価益ともに
> 当期の費用・収益になる。
> その他有価証券は、時価が取得価格を上回っていても
> 当期の収益にはならず、直接純資産を増加する。
> 評価損は当期の費用にする方法と、直接純資産を減少する方法の
> いずれかを会社が選択し、継続して用いる。

● 税と会計の違いがわかれば 「繰延税金資産」がわかる

流動資産の最後が**繰延税金資産**（くりのべぜいきんしさん）だね。

繰延税金資産？
また難しそうな言葉だね。

繰延税金資産は、
将来その金額だけ会社が支払う税金が少なくて済む
ということを示した資産なんだ。

資産は将来のお金の増加を示すものだよね。

繰延税金資産は、実際にお金が増えるのではなくて、
将来支払う税金の額が減ることで
間接的に会社のお金が増えることを示すものなんだよ。

将来支払う税金の額が減る？
そんなことあるの？

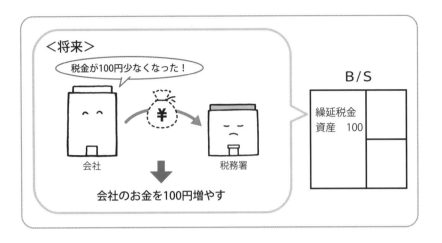

これを理解するためには、
税と会計の違いをわかっておく必要があるから、
ここで決算書を読むうえで最低限必要な
税の考え方について説明しよう。

税金の計算は複雑なのだけど、基本的には、
益金（えききん）**から損金**（そんきん）**を引いた
課税所得**（かぜいしょとく）**に税率をかけることで
計算されるん**だ。

益金は収益に、損金は費用に似たものだと思ってくれればいいよ。

益金 － 損金 ＝ 課税所得
課税所得 × 税率 ＝ 税額

 POINT 税金は、益金から損金を引いた課税所得に税率をかけて
計算される。

ただし、**収益であっても益金にならないものや
費用であっても損金にならないものがたくさんある**んだ。

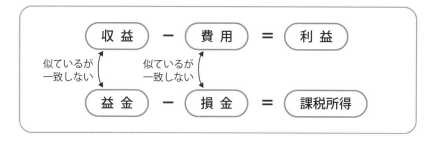

ここで重要な点は、**会社にとっては
益金が少ないほど、損金が多いほど望ましい**ってことなんだ。

えっ
益金って収益みたいに多いほうがいいんじゃないの？
それに損金も少ないほうがいい気がするけど。

益金が少なく、損金が多くなれば、
課税所得が小さくなって、
税金の支払額が少なくて済むんだ。

損金っていうとよくないイメージがあるけど、
会社にとっては損金が多いほうがいいんだよ。

POINT　会社にとっては、益金が少ないほど、
また損金が多いほど、税金が少なくなるため望ましい。

ところが、税金を徴収する国の立場からすれば、
税金をたくさん取りたいから
損金はなるべく認めたくないんだ。

そこで、会社が費用を計上しても、
そのうちの一部しか損金として認めない、
といったルールが税法で細かく決められているんだ。

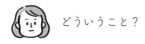 どういうこと？

たとえば貸倒引当金を例にとると、
会社が「貸倒引当金繰入額100」として費用を計上しても、
税務上は50までしか損金にならない
なんてことがよくあるんだ。

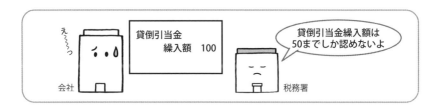

会計上は、倒産しそうな取引先に対する貸付金や売掛金は、
早めに貸倒引当金を計上するよね。

 そうだったね。
貸倒引当金を計上することで
あらかじめ費用にしておくんだったよね。

そうだね。

でも税法では、取引先が実際に倒産手続きに入らないと、
貸倒引当金を損金として認めないんだ。

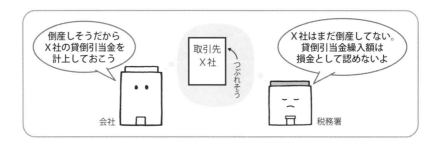

そうしないと、会社が必要以上に多くの貸倒引当金を
計上して税金を減らすことができてしまうからね。

それを防ぐために、会計上の費用であっても、
税務上の条件を満たさなければ損金にしない
というルールになっているんだよ。

 POINT 益金は収益に、損金は費用に似ているが、
会計上の費用であっても税務上の損金にならないなどの
ルールが細かく定められている。

このように益金と収益、損金と費用が異なるから、
利益と課税所得も大きく異なるんだ。

そのため、**会計の観点からはまだ払う必要のない税金を
早めに払わざるを得ない**ことがあるんだ。

 会計の観点とか早めに払うって
どういうこと？

**会計上の利益をもとに計算した税金よりも
多くの税金を払う**ってことなんだ。

たとえば、収益300千円、費用200千円、利益100千円の会社の場合、
仮に収益と益金、費用と損金が一緒であれば
課税所得も100千円になるよね。

税率が40%とすると、
課税所得100×40％＝40の税金を
支払うことになるはずだね。

ところが、税務上は、
費用のうちの一部しか損金として認められずに、
たとえば費用200千円のうち損金になったのは
100千円だけだったとしよう。

収益と益金は同じだとすると、
益金300千円、損金100千円になって、課税所得は200千円だから、
200×40％＝80千円の税金を支払うことになるね。

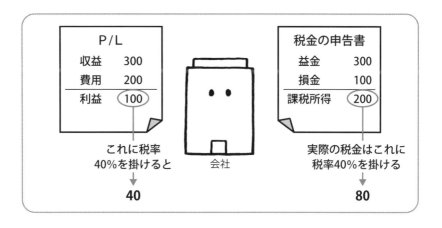

そうか
費用のうち一部しか損金にならないと、
払わなきゃいけない税金の額が
増えちゃうんだね。

そうだね。

この会計の観点から多く支払った税金は、
会計と税のタイミングの違いによって生じたものだね。

タイミングの違いってどういうこと？

さっきの貸倒引当金の例でいうと、
会計上は早めに貸倒引当金繰入額という費用を計上するけど、
税務上は取引先が倒産するまで損金として認めてくれないよね。

つまり、会計上の費用は早めに発生して、
税務上の損金は遅めに発生することになるね。

会計上の費用が発生した時点では、
会計の観点からは余計に税金を支払うことになるね。

でも、その費用が将来税務上も損金として認められると、
その時点で課税所得が減って、税金の支払額が少なくなるんだ。

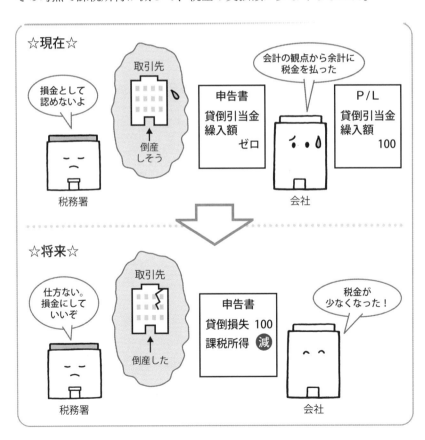

この、**将来少なくなる税金の額を示す**のが
繰延税金資産なんだ。

会計上の費用は早めに発生し、
税務上の損金は遅めに発生することが多い。
そのため、会計の観点から早めに支払った税金は
将来税務上も損金として認められた時点で
課税所得が減って税金の支払額が少なくなる。
将来少なくなる税金の額を示すのが
繰延税金資産である。

ここで注意してほしいのは、
将来支払う税金が少なくなるためには
将来課税所得がプラスになる必要があるってことなんだ。

課税所得がプラスでなければ
そもそも税金が発生しないから、
損金として認められても税金は減りようがないからね。

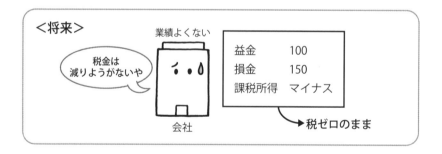

 繰延税金資産があるのに
税金が減らないってこと?

そのような場合は、
そもそも繰延税金資産の計上が認められないんだ。

繰延税金資産は将来少なくなる税金の額を示すものだから、
将来税金の支払いが少なくならないのに
繰延税金資産が計上されたままだと、
決算書を読む人が誤解してしまうからね。

そのため、繰延税金資産の計上は、
将来課税所得が発生して**税金を減らす効果がある部分に
限られる**んだ。

 うーん、難しいね。

要は、繰延税金資産も資産なのだから、
実際にお金を増やす効果、つまり
税金を減らす効果がある部分しか計上が認められない
ってことだね。

 POINT 繰延税金資産の計上は、将来税金を減らす効果がある部分
に限られる。

■「有形固定資産」は
　建物や工場、土地などのこと

流動資産のつぎにあるのが**固定資産**（こていしさん）だね。

固定資産は、
長期にわたって収益を得るのに役立つ資産のことで、
お金になるまでに長い時間を要するものだったね。

固定資産は、さらに

有形固定資産（ゆうけいこていしさん）、

無形固定資産（むけいこていしさん）、

投資その他の資産（とうしそのたのしさん）に分かれているんだ。

まず有形固定資産について説明しよう。

Ⅱ 固定資産		
(1) 有形固定資産		
建物及び構築物	1,000	
減価償却累計額	△300	700
機械装置及び運搬具	500	
減価償却累計額	△200	300
土地		800
建設仮勘定		200
その他	300	
減価償却累計額	△200	100
有形固定資産合計		2,100

有形固定資産は、建物や工場、土地などのように
実体のある固定資産のことだね。

■「減価償却」と「固定資産の価値の減少」は ほとんど関係ない

 有形固定資産の科目はわかりやすいね。
「建物1,000千円」ってことは、
100万円の価値のある建物があるってことなんだね。

実はそうではないんだ。

貸借対照表上の有形固定資産の金額は
その資産の価値を示すものではないんだよ。

固定資産の金額は、
**固定資産を取得するために支払った金額のうち
まだ費用として配分されていない残り**を示しているんだ。

残り？
費用として配分するってどういうこと？

たとえばちょっと実際の金額よりは小さいけど、
会社が1,000千円（100万円）のお金を払って
10年間使う予定の工場を建てたとしよう。

この場合、工場を建てるために支払った1,000千円をすべて
一度に工場を建てたときの費用にするのはおかしいよね。

どうして？
お金を使ったら費用になるんじゃないの？

この工場は、今後10年間にわたって
会社が収益を増やすのに使われるよね。

10年間収益の増加に貢献するものだから、
工場を建てるために支払った1,000千円は、
**工場を使用する期間にわたって
費用を分けて計上する**べきなんだ。

どのように分けるかはいくつか方法があるのだけど、
ここでは10年間で均等に100千円（10万円）ずつ費用にする
ことにしよう。

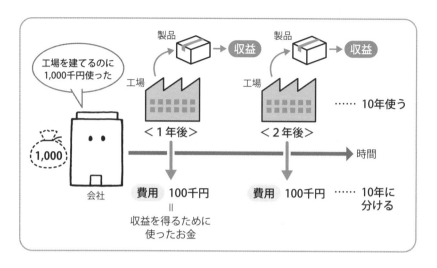

工場や建物などのように、
長期間にわたって使用する資産を取得するのに支払った金額は、
その資産を使用する期間に分けて各期の費用にするんだ。

　ということは
　1,000千円のお金を使っても
　今年の費用になるのは100千円だけなんだね。

そうだね。
この手続きを**減価償却**（げんかしょうきゃく）というんだよ。

　長期間にわたって使用する資産を取得するのに支払った金額は、
　その資産を使用する期間に分けて各期の費用にする。
　この手続きを減価償却という。

この配分した費用が**減価償却費**（げんかしょうきゃくひ）で、
今まで計上した減価償却費の合計が
減価償却累計額（げんかしょうきゃくるいけいがく）なんだ。

建物及び構築物などのつぎに
マイナスで計上されているのが減価償却累計額だね。

1	建物及び構築物	1,000	
	減価償却累計額	△300	700

この場合、建物及び構築物を取得するのに払った金額が
1,000千円で、これまで費用として配分したのが300千円、
まだ費用として配分されていないのが700千円、
ということを示しているんだ。

このように、工場を建てるために過去に支払ったお金が
減価償却費として各期に配分されることで、
工場を使って生み出された収益と
工場を建てるための費用が対応するようになるんだよ。

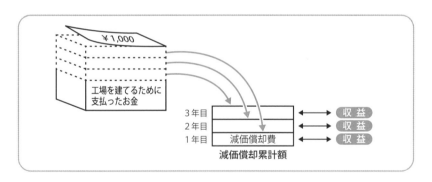

減価償却費というと
資産の価値が減っているみたいだけど、
減価償却はあくまで費用の配分であって
固定資産の価値の減少と減価償却とはほとんど関係ないんだ。

だから、貸借対照表に載っている有形固定資産の金額は、
実際に売却したらいくらになるかとは関係ないんだよ。

そうか、「建物700千円」とあっても
700千円の価値の建物があるわけじゃないんだね。

そうだね。

決算書上での減価償却累計額の記載方法には
取得する際に支払った金額から△でマイナスする方法のほかに、
減価償却累計額を引いた純額だけ（今の例では700千円）を記載して
減価償却累計額は注記で記載する方法もあるんだ。

 減価償却って
何だかわかりにくいね。

減価償却も引当金と同じように
お金の支払と費用の発生のタイミングが違うからね。

引当金や評価損は
将来のお金の減少を当期の費用にしたものだったね。▶P68、P75

これに対して減価償却費は、
過去のお金の減少を当期の費用にしたものなんだ。

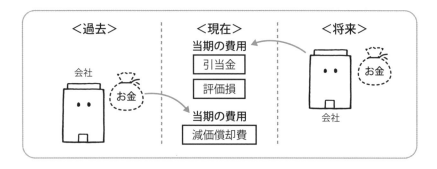

POINT 評価損や引当金は、将来お金の減少を当期の費用にしたものであり、減価償却費は、過去のお金の減少を当期の費用にしたものである。

●「無形固定資産」ってどんなもの？

つぎに無形固定資産の部分を見てみよう。

⑵　無形固定資産	
1　特許権	100
2　のれん	400
3　その他	200
無形固定資産合計	700

無形固定資産は、有形固定資産と違って
形のない固定資産のことなんだ。

 形がない資産？
そんなものあるの？

特許権（とっきょけん）を例に説明しよう。

特許権は、建物や土地のように形があるわけではないけど、
会社がお金を払って取得したもので
かつ会社に将来お金の増加をもたらすものだよね。

だから特許取得のために直接かかったお金は特許権として
資産計上できるんだ。

すごい発明の特許なんかは
金額も大きくなるの？

そうではなくて、
たくさんの利益をもたらす可能性のある特許であっても、
それを見込んで資産を計上することはできないんだよ。

そのようなことを認めてしまうと、会社が勝手に
資産の金額を大きくすることもできてしまうからね。

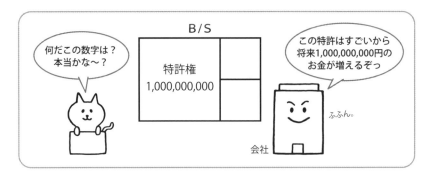

そこで会計の世界では
**取得に際して支払った以上の金額を資産として計上することは
原則として認めていない**んだ。

■「のれん」って変ないい方だけど どういう意味？

つぎに、同じく無形固定資産である
のれんについて説明しよう。

のれんは、
会社がほかの会社を合併・買収したときに支払った金額と

合併・買収した会社の**時価純資産**（じかじゅんしさん）との
差額を示すものなんだ。

POINT 会社がほかの会社を合併・買収した際に支払った対価と
対象会社の時価純資産との差額がのれんになる。

のれんって変ないい方だね。
合併・買収とか
時価純資産ってどういう意味？

合併は、別々の会社がひとつの会社になることで、
買収は、ある会社がほかの会社の株式の全部または大部分を
取得してその会社を支配することなんだ。

時価純資産は**時価で評価した資産と負債の差額**のことで、
すべての資産を売って負債を返したあとに残る金額、
つまり会社の解散価値を示す
といえるね。

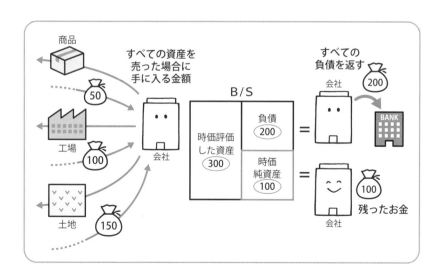

この解散価値よりも高い金額で
会社を合併したり買収したりした場合に、
解散価値と買収金額との差額がのれんになるんだよ。

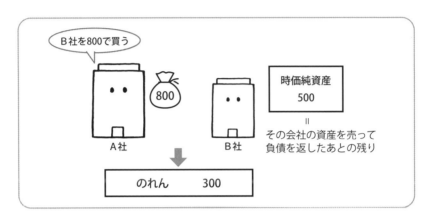

ほかの会社を合併・買収した際に支払った対価と
合併・買収した会社の時価純資産との差額を
のれんという。

どうしてそれがのれんなの？

解散価値よりも高い金額で会社を買うということは、
それだけその会社が将来お金を生み出すと期待している
ということだからね。

うーん、どういう意味？

たとえば時価純資産が5,000千円（500万円）であるB社を
A社が8,000千円の対価で買った場合、
B社を買うのに支払った対価8,000千円と

B社の時価純資産5,000千円との差額である3,000千円が
のれんになるんだ。

すべての資産を売って負債を返せば5,000千円のお金が残る
B社を8,000千円で買ったのだから、
A社はB社の買収によって少なくとも
3,000千円以上のお金が増えると考えているといえるね。

そうか、3,000千円以上のお金が増えるのでなければ、
わざわざ3,000千円余分にお金を出して
B社を買わないものね。

その通りだね。
この、3,000千円以上のお金の増加が見込める
と考えている部分がのれんになるんだ。

このように、のれんは、
合併・買収した会社から余分に得られると想定している
お金の増加額を示すといえるね。

POINT
のれんは
合併・買収した会社から余分に得られると想定している
お金の増加額を示す。

また、のれんや、さっき説明した特許権は、
建物などと同じように
償却して一定の期間にわたって費用を配分するんだ。

ちなみにIFRSではのれんは償却せずに、
回収の見込みがないとわかった時点で減損するのだけど、
ここは日本の会計基準とIFRSとで大きく異なることの
ひとつだね。

有形固定資産と無形固定資産について説明してきたところで
減損会計（げんそんかいけい）についても
簡単に説明しておこう。

減損会計？
減って損になるってすごい名前だね。

減損は、**ある固定資産を通じて将来得られるお金の増加額が
その固定資産の貸借対照表上の金額を大きく下回る**ことなんだ。

減損会計は、**固定資産に減損が生じた場合に、
その金額だけ帳簿価額を減らすルール**のことだね。

あれ、前にも似たようなものが出てこなかった？

基本的な考え方は、貸倒引当金や棚卸資産の評価損と
同じだね。▶P68、P75

これらは、資産の金額が
将来のお金の増加額の下限、
つまり少なくともこの金額以上のお金は増えるはず
という情報を示すようにすることが目的なんだ。

たとえば、減価償却累計額を引いた後の工場の金額が
10,000千円（1,000万円）だったとしよう。

その工場を使い続けても4,000千円のお金しか増えないし、
工場を処分しても3,000千円でしか売れなかったとするね。

この場合、その工場は4,000千円のお金の増加しかもたらさない
ってことだから、工場の金額を4,000千円に減らして

6,000千円の減損損失を計上するんだ。

そうか、そうすれば
その工場から将来4,000千円以上のお金が増えるってことが
わかるんだね。

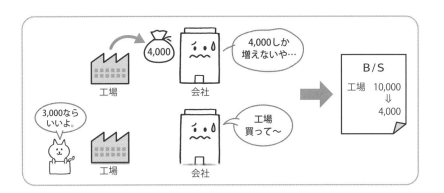

ある固定資産を通じて得られる将来のお金の増加額が
減価償却後の固定資産の金額を大きく下回った場合に、
固定資産の金額を減らして損失を計上する。
これを減損会計という。

投資その他の資産

固定資産の3つ目の項目が、

投資その他の資産（とうしそのたのしさん）だね。

	(3) 投資その他の資産		
1	投資有価証券		500
2	長期貸付金	400	
	貸倒引当金	△20	380
3	繰延税金資産		200
4	その他		100
	投資その他の資産合計		1,180

1番目にある投資有価証券って
さっきも出てきたよね？

そうだね。
その他有価証券や、満期まで持つ社債などは、
貸借対照表上は**投資有価証券**（とうしゆうかしょうけん）
という科目名になるんだ。

有価証券は、短期的に売買することを目的とした株式や債券で、
流動資産の部に計上されるものだね。▶P82

投資有価証券は、
すぐに売られてお金になるものではないから
貸借対照表では下のほうに記載されるんだよ。

 そうか。
貸借対照表って、
お金になるまで時間のかかる資産は
下のほうに記載されるんだったものね。▶P66

そうだね。
つぎの**長期貸付金**（ちょうきかしつけきん）は、
返済期限まで1年超の貸付金だね。

そのつぎの**繰延税金資産**（くりのべぜいきんしさん）は、
前に説明した繰延税金資産のうち、
税金が少なくなるという効果が生じるまでに1年超かかるものなんだ。

また、貸借対照表の左側の一番下、つまり固定資産のつぎに
本当は**繰延資産**（くりのべしさん）という区分があるのだけど、
繰延資産を計上することはあまりしないから
ここでは説明を省略するね。

■「流動負債」を見れば 「1年以内に減るお金」がわかる

つぎに、貸借対照表の右上にある負債の部の
流動負債を見てみよう。

流動負債は、おもに1年以内に
お金が減少する負債のことだね。

```
（負債の部）
 Ⅰ　流動負債
　　1　支払手形及び買掛金　　　　　　　　400
　　2　短期借入金　　　　　　　　　　　　400
　　3　未払法人税等　　　　　　　　　　　600
　　4　繰延税金負債　　　　　　　　　　　100
　　5　引当金
　　　　製品保証引当金　　　　50
　　　　賞与引当金　　　　　　150　　　　200
　　6　その他　　　　　　　　　　　　　　100
　　　　流動負債合計　　　　　　　　　　1,800
```

最初の
支払手形及び買掛金（しはらいてがたおよびかいかけきん）は、
会社が商品を仕入れたりする際にお金を支払うのではなく、
将来お金を支払う約束をするものだね。

つぎの**短期借入金**（たんきかりいれきん）は、
1年以内に返す借入金のことだね。

未払法人税等（みばらいほうじんぜいとう）は、
支払義務のある税金のうち、まだ支払っていないものなんだ。

どれも名前からどんな意味か
だいたいイメージできるね。

つぎの**繰延税金負債**（くりのべぜいきんふさい）は、
前に説明した繰延税金資産の反対だね。

繰延税金資産が、将来少なくなる税金の額を示すのに対して、
繰延税金負債は、将来支払う税金の額が増えてしまうもの
なんだ。

 将来の税金の額が増えることなんてあるの？

そうなんだ。

前に説明した
その他有価証券評価差額の時価評価について
思い出してみよう。▶ P83

その他有価証券の時価が20千円値上がりしていた場合、
その他有価証券評価差額金として
純資産を増加させるのだったね。

でも、値上がり益の20千円が
すべて会社のものになるわけではなくて、
将来20千円儲かった時点で税金がかかるよね。

税率を40％とすると、20千円×40％＝8千円が税金になるから、
会社に残るのは20千円－8千円＝12千円だね。

この、将来発生する税金の8千円が、繰延税金負債になるんだ。

```
（借方）有価証券投資    20    （貸方）繰延税金負債           8
                              その他有価証券評価差額金      12
```

なるほどね。
繰延税金資産とは逆ってことだね。

つぎの**製品保証引当金**（せいひんほしょうひきあてきん）や
賞与引当金（しょうよひきあてきん）は
将来の保証や賞与の支払に備えた引当金だね。

引当金って前にも出てきたよね？

貸倒引当金のことだね。

貸倒引当金は、売掛金などのうち、
将来回収できない可能性が高い部分について、
前もって費用として計上しておくためのものだったね。

つまり引当金は、将来のお金の減少を
今期の費用として計上するためのものだね。

これと同じで、
将来発生する保証に関する費用や賞与を支払う費用は
お金が減るのは将来のことだけど、
今期製品を売ったり従業員が働いてくれたりして
発生したものだから、今期の費用として計上するんだよ。

■「固定負債」を見れば 「将来的に減るお金」がわかる

流動負債のつぎは**固定負債**（こていふさい）だね。

```
Ⅱ   固定負債
 1   社債                          500
 2   長期借入金                      300
 3   繰延税金負債                      60
 4   退職給付に係る負債               500
 5   その他                        200
     固定負債合計                 1,560
```

社債（しゃさい）は、
会社が一般の投資家からお金を借りる際に発行するものだね。

社債は期限が長いから固定負債の部分に記載されるけど、
期限が1年を切ると流動負債の部分に記載されるんだ。

長期借入金（ちょうきかりいれきん）は、
返済期限が1年より長い借入金だね。

 この辺りはわかりやすいね。

また、税金の増加が生じるまでの期間が1年よりも長い
繰延税金負債も、固定負債の部分に記載されるんだ。

そのつぎにあるのが、
退職給付に係る負債（たいしょくきゅうふにかかるふさい）だね。

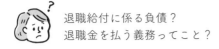
退職給付に係る負債？
退職金を払う義務ってこと？

基本的にはそうだね。

ただし会社は、退職金を支払うために
年金資産を積み立てているから、
退職給付債務から年金資産を引いた額が
退職給付に係る負債になるんだ。

退職給付会計は複雑で難しいから、
ここでは、まだ積み立てられていない退職金の支払義務が
貸借対照表上の退職給付に係る負債で表されている、
ということがわかれば問題ないよ。

■「純資産」を見れば 「お金の調達方法」がわかる

最後に、貸借対照表の右下にある
純資産の部について説明しよう。

（純資産の部）

Ⅰ　株主資本
　　1　資本金　　　　　　　　　　　500
　　2　資本剰余金　　　　　　　　　500
　　3　利益剰余金　　　　　　　　1,000
　　4　自己株式　　　　　　　　　△200
　　　　株主資本合計　　　　　　　1,800
Ⅱ　その他の包括利益累計額
　　1　その他有価証券評価差額金　　50
　　2　為替換算調整勘定　　　　　　50
　　　　その他の包括利益累計額合計　100
Ⅲ　新株予約権　　　　　　　　　　100
Ⅳ　非支配株主持分　　　　　　　　300
　　　　純資産合計　　　　　　　2,300

純資産の部には、
株主の持分を示す株主資本のほかに、
その他の勘定科目も記載されているんだ。

まず株主資本について説明するね。

株主資本には、
資本金、資本剰余金、利益剰余金、自己株式
の科目があるんだ。

これらは、**株主が出資した金額を示す部分と
会社が自分で増やした金額を示す部分**の
2つに分けられるんだよ。

　どの科目がその2つを示すの？

資本金（しほんきん）と**資本剰余金**（しほんじょうよきん）が
株主が出資した金額を示すもので、
利益剰余金（りえきじょうよきん）が
会社が自分で増やした金額を示すものなんだ。

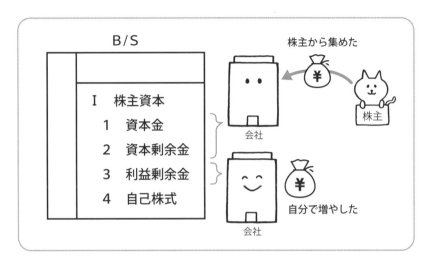

 POINT 資本金と資本剰余金は株主が出資した金額を示し、
利益剰余金は会社が自分で増やした金額を示す。

ここで、5,000千円（500万円）を出資して会社を作ったとしよう。

5,000千円のうち3,000千円を資本金にすると、
残りの2,000千円が資本準備金になるんだ。

（借方）現金預金	5,000	（貸方）資本金	3,000
		資本準備金	2,000

この資本準備金は、
連結貸借対照表上では資本剰余金として記載されるんだ。

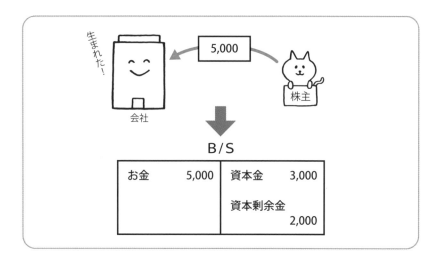

資本剰余金には、
あとで説明する自己株式の売買のときなどに生じる
その他資本剰余金という科目も含まれるんだ。

ここでは、株主が出資したお金のうち、
資本金にならなかった部分が資本剰余金になる
と覚えておいてくれればいいよ。

 なるほどね。
資本金にならなかった余りだから、
資本剰余金っていうんだね。

つぎの**利益剰余金**（りえきじょうよきん）は、
会社が今まで溜めてきた利益を示すものなんだ。

損益計算書で計算された毎期の利益のうち、
株主に配当しなかった分が
貸借対照表に利益剰余金として蓄積されるんだよ。

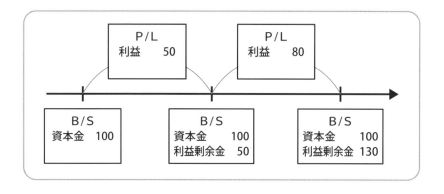

そうか。
これも利益のうち配当せずに余った分だから
利益剰余金っていうんだね。

株主資本の最後が、**自己株式**（じこかぶしき）だね。

自己株式？
自分の株式ってこと？

そうだね。
会社が自己株式を自分で買い入れて保有している場合、
その自己株式の金額が、純資産の部に
マイナスで記載されるんだ。

どうして純資産の部のマイナスになるの？

会社が新株を発行して株式が増えた場合は、
資本金と資本準備金が増加するよね。

逆に会社が自己株式を取得して株式が減った場合は
純資産が減ることになるから、
純資産の部のマイナスになるんだ。

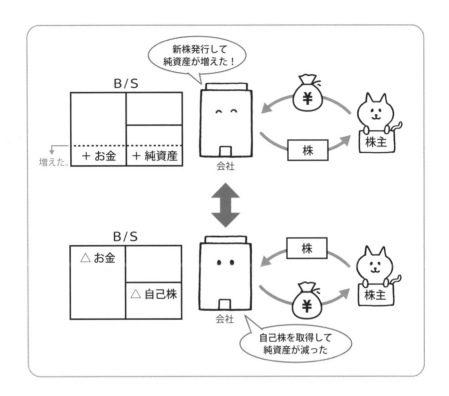

 POINT 会社が保有している自分の株式は
自己株式として純資産の部にマイナスで表示される。

ここで、資本金と実際のお金との関係について
説明しておこう。

よく誤解されるのだけど、
資本金の額だけ、会社にお金があるというわけではないんだ。

えっ、そうなの？
資本金が多い会社は
それだけたくさんお金を持っているんじゃないの？

資本金の金額と
会社が現在持っている現金預金の残高とは、
まったく別のものなんだ。

たとえば、資本金10,000千円（1,000万円）の会社といっても、
その会社が現時点で10,000千円のお金を持っているわけではなくて、
株主からお金を集めたときに資本金にした金額が10,000千円
っていうだけに過ぎないんだ。

これは負債と同じで、
貸借対照表の負債の部に「借入金5,000千円」とある会社が
つねに5,000千円を現金で持っているとは限らないよね。

それはそうだよね。
せっかくお金を借りたのに、そのお金をずっと
持っているはずはないものね。

それと同じように、資本金や資本剰余金も
お金の調達元を示しているに過ぎないんだ。

借入や株主からの払い込みによって調達したお金が
お金のまま残っているか、商品や建物に投資されたのか、
費用になったかなどの情報は、
貸借対照表や損益計算書に載っているんだよ。

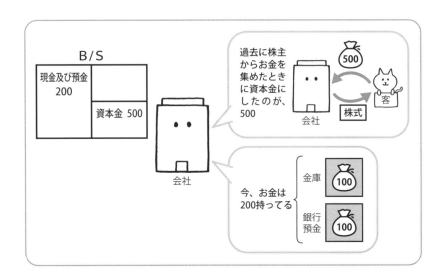

資本金や資本剰余金の金額は、
会社が過去に株主から調達した金額を示す。
実際のお金の残高は、
貸借対照表の資産の部に記載される。

POINT

純資産の部には、株主資本のつぎに
その他の包括利益累計額（そのたのほうかつりえきるいけいがく）
という項目があるね。

ここには、前に説明した
その他有価証券評価差額金や、
外貨建ての資産や負債を円に換算したときに生じる差額の
為替換算調整勘定などが記載されるんだ。

そのつぎに、**新株予約権**（しんかぶよやくけん）という科目があるね。

新株予約権？
新株を予約する権利ってこと？

会社は、一定の条件で**会社の株式を取得できる権利**を
投資家に売ることがあるんだ。
この権利のことを新株予約権というんだよ。

投資家は、新株予約権を行使すれば
会社の株式を取得できるんだ。

どうして投資家が持っている権利が
ここに計上されるの？

投資家が新株予約権を取得するために
会社に支払ったお金は、
新株予約権が行使された際には
資本金か資本準備金になるんだ。

現時点では純資産ではないけど、
将来純資産になる権利を売ってお金を調達しているから
純資産の部に計上しておくんだよ。

純資産の部の最後が、
非支配株主持分（ひしはいかぶぬしもちぶん）だね。

IV　非支配株主持分	300

非支配株主持分？
非支配株主って、支配してない株主ってこと？

たとえばA社がB社の議決権の70%を持っている場合、
B社はA社の子会社になって、A社が親会社になるよね。

この場合、B社の残りの30%を持っている株主たちを
非支配株主（ひしはいかぶぬし）というんだ。
親会社以外のほかの株主ってことだね。

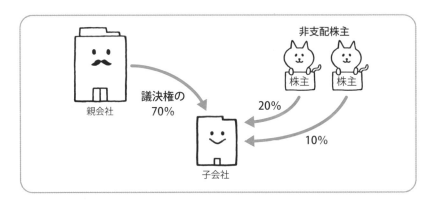

子会社の決算書は、親会社の決算書と合算して
一緒にするのだけど、
非支配株主がいるのにすべて合算してしまったら
純資産が大きくなり過ぎてしまうよね。

だから非支配株主の分は
株主資本とは別だということを示すために、
非支配株主持分として親会社の連結決算書に計上するんだよ。

● 決算書を読む際には 「会計方針」もチェックしよう

最後に、貸借対照表とは直接関係ないけど、
この章で出てきた減価償却や引当金に関連した
重要な話をしておこう。

減価償却費や引当金、評価損などの計上の方法は
実はひとつではないんだ。

 計上の方法がいくつもあるってこと？

そうだよ。

たとえば減価償却費の計算方法には、
毎期同額を費用計上する**定額法**（ていがくほう）という方法や、
最初のうちにたくさん費用計上する**定率法**（ていりつほう）という
方法など、いくつかの方法があるんだ。

このように**会計処理の方法が複数ある場合に、
そのうち会社がどれを選ぶか**を
会計方針（かいけいほうしん）というんだよ。

 複数ある会計処理のうち会社がどれを選ぶかを
会計方針という。

会社は、原則として、
一度決めた会計方針を継続する必要があるんだ。

 どうして継続しないといけないの？

たとえば、定額法を採用していた会社が定率法に変更すれば
会社の実態は何も変わらないのに、費用の金額が変わるよね。

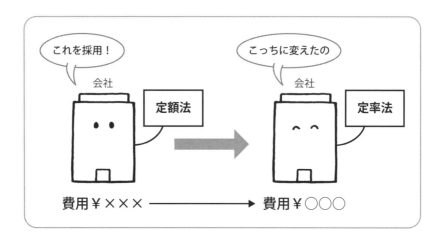

極端ないい方をすれば、会計方針を変更しただけで
赤字の会社が黒字になったりすることもあるんだ。

このようなことを認めてしまうと
決算書の数値が実態を表さなくなってしまうから、
会計方針の変更は、正当な理由がなければ
認められないんだ。

会計方針は注記事項に記載されているから、
決算書を読む際には会計方針が変更されていないかについても
チェックする必要があるね。

 POINT 決算書を読む際には、会計方針が変更されていないかも
チェックする必要がある。

会計方針に関する事項の例

（1）重要な資産の評価基準及び評価方法

有価証券の評価基準及び評価方法
　その他有価証券
　　時価のあるもの
　　　決算期末日の市場価格等に基づく時価法（ 評価差額は全部
　　　純資産直入法により処理し、売却原価 は移動平均法により
　　　算定）を採用しております。
　　時価のないもの
　　　移動平均法による原価法を採用しております。

（2）重要な減価償却資産の減価償却の方法

① 　有形固定資産
　定率法（但し、建物（建物附属設備を除く。）については定額法）
　を採用しております。

② 　無形固定資産
　自社利用のソフトウエアについて、社内における見込利用可能期
　間（5年）に基づく定額法を採用しております。
　商標権について、効果の及ぶ期間（20年）に基づく定額法を採
　用しております。

（3）重要な引当金の計上基準

① 　貸倒引当金
　債権の貸倒れによる損失に備えるため、一般債権については貸倒
　実績率により、貸倒懸念債権等特定の債権については、個別に回
　収可能性を勘案し、回収不能見込額を計上しております。なお、

破産更生債権等については、回収不能見込額を債権額から直接減額しております。

② 賞与引当金

従業員の賞与支給に備えるため、賞与支給見込額のうち当連結会計年度に負担すべき額を計上しております。

（4）重要な外貨建の資産又は負債の本邦通貨への換算の基準

外貨建金銭債権債務は、決算日の直物為替相場により円貨に換算し、換算差額は損益として処理しております。

なお、在外子会社の資産及び負債は、連結決算日の直物為替相場により円貨に換算し、収益及び費用は、期中平均相場により円貨に換算し、換算差額は純資産の部における為替換算調整勘定に含めて計上しております。

（5）のれんの償却方法及び償却期間

のれんについては20年以内のその効果の及ぶ期間にわたって均等償却しております。

（6）連結キャッシュ・フロー計算書における資金の範囲

手元現金、随時引き出し可能な預金及び容易に換金可能であり、かつ、価値の変動について僅少なリスクしか負わない取得日から３ヶ月以内に償還期限の到来する短期的な投資からなっております。

（7）その他連結財務諸表作成のための重要な事項

消費税等の会計処理

消費税及び地方消費税の会計処理は、税抜方式によっております。

コラム❶　決算書を読む意味って何ですか？

 決算書を読むのって大変なんだね。

そうだね。
この本で説明する以上に細かく決算書を分析している
プロの人たちでも、その会社に関する判断を
間違えることがあるのだから、
決算書を読むのは簡単なことではないね。

 そんなに大変なら、
決算書を自分で読まなくてもいいんじゃない？

少なくとも、ある会社の株を買おうと考えたり、
ある会社に就職しようと考えたりしているような人は、
その会社の決算書を自分で見たほうがいいと思うよ。

 でも、会社のことを知るには、その会社が出してる
パンフレットやホームページとかもあるよね。
有名な会社なら新聞や雑誌にも情報があるし、
苦労して決算書を読む必要はないと思うけど。

会社が出しているパンフレットなどは、
第三者がチェックするわけではないから、
何とでも書けるよね。

決算書にも限界はあるけど、一定のルールに基づくものだし、
公認会計士という第三者によるチェックも働いているんだ。

また新聞や雑誌の記事は、必ずしも会計の専門家が書いて
いるわけではないから間違っていることも多いんだよ。

そうか。
たしかにパンフレットや新聞記事だけで判断したら
間違えてしまいそうだね。

投資先や就職先を決めるのは自分なのだし、
判断が誤った場合は誰のせいにもできないのだから、
やはり、自分の目で決算書を読んで情報を得るべきだといえるね。

第 **3** 章

「損益計算書の読み方」 の基本

損益計算書は、売上からさまざまな費用を引いて
当期の利益を計算するものです。また損益計算書
から、会社の活動の実態を読み取ることができます

■「損益計算書」ってどんなもの？

まずは実際の損益計算書を見てみよう。

損益計算書

区　分		金　額
Ⅰ　売上高		10,000
Ⅱ　売上原価		6,000
売上総利益		4,000
Ⅲ　販売費及び一般管理費		2,700
営業利益		1,300
Ⅳ　営業外収益		
1　受取利息	100	
2　受取配当金	200	
3　有価証券売却益	100	
4　持分法投資損益	200	
5　その他	100	700
Ⅴ　営業外費用		
1　支払利息	300	
2　為替差損	200	
3　その他	100	600
経常利益		1,400
Ⅵ　特別利益		
1　固定資産売却益	300	
2　その他	100	400
Ⅶ　特別損失		
1　災害による損失	200	
2　その他	100	300
税金等調整前当期純利益		1,500
法人税、住民税及び事業税		800
法人税等調整額		△200
法人税等合計		600
当期純利益		900
非支配株主に帰属する当期純利益		400
親会社株主に帰属する当期純利益		500

損益計算書の区分はつぎのようになるんだ。

```
  Ⅰ   売上高
  Ⅱ   売上原価
       売上総利益
  Ⅲ   販売費及び一般管理費
       営業利益
  Ⅳ   営業外収益
  Ⅴ   営業外費用
       経常利益
  Ⅵ   特別利益
  Ⅶ   特別損失
       税金等調整前当期純利益
       法人税等合計
       当期純利益
       非支配株主に帰属する当期純利益
       親会社株主に帰属する当期純利益
```

売上高（うりあげだか）から始まって、
売上総利益（うりあげそうりえき）、
営業利益（えいぎょうりえき）、
経常利益（けいじょうりえき）、
税金等調整前当期純利益（ぜいきんとうちょうせいまえとうきじゅんりえき）、
当期純利益（とうきじゅんりえき）などのように
いくつかの利益があるね。

基本的な構造は、**利益の源になる売上高から
その売上を得るためのいろいろな費用を引いていって
当期の利益を計算する**、というものなんだ。

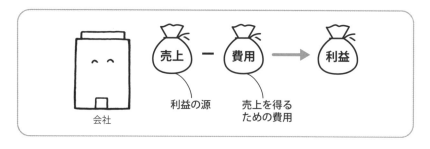

この**当期に最終的にどれだけ利益を稼いだか**を示すのが
損益計算書の一番下のほうにある**当期純利益**（とうきじゅんりえき）で、
そのうち親会社株主、つまりこの決算書の当事者に属するのが
最後の親会社株主に帰属する当期純利益だね。

POINT 当期に最終的にどれだけの利益を稼いだかを示すのが、
損益計算書の末尾にある当期純利益である。

ということは、いろんな利益があるけど、
当期純利益が一番大事ってことだね。

最終的に株主にどれだけの利益が残ったかを示すうえでは
親会社株主に帰属する当期純利益は重要だね。
でも**会社の収益性や実力を測るうえでは
当期純利益は必ずしも適切ではない**んだ。

え、どうして？

会社が生み出した利益の中には
突発的なものや異常なものも含まれている可能性があるから、
そうしたものも含めた当期純利益が
会社の実力を示しているとは限らないよね。

そのため、**会社の収益性を測る際には、**
その上の経常利益や営業利益などを用いることが多いんだよ。
また、**会社がどうやって利益を増やしたか**の過程を見るうえでも、
損益計算書にあるさまざまな利益を段階的に見ることが重要なんだ。

損益計算書のそれぞれの項目についてくわしく見ていこう。

● 「売上高」と「利益」では　どっちが大事？

まず、損益計算書の一番上にある
売上高（うりあげだか）について説明しよう。

売上高は、会社が商品をいくら売ったかって
ことだよね。
売上高の大きい会社はいい会社だと思っていいの？

基本的にはそうだね。

会社がどんなにいい製品を作っても、
それが市場で売れて会社にお金が入ってこなければ、
会社はお金を増やすことができずに存続すらできなくなって
しまうから、売上高が大きいことは重要なんだ。

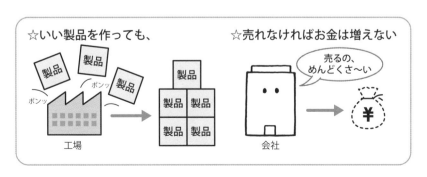

そういう意味では、商品や製品を売ったあとに
売掛金を回収する作業も非常に重要なのだけど、
それについては第4章で説明しよう。

 売上が重要なのはわかったけど、
売上と利益では、どちらが大事なの？

もちろん、株主の手元に残るのは当期純利益だから
利益のほうが重要ではあるね。
どんなに売上高が多くても利益が残らなければ意味がないし、
たとえ売上高が減ってもそれ以上に費用を減らせば
利益を出すことができるからね。

でも会社にとって売上は
お金を増やすための主要な手段なんだ。

持っている土地や株式を売ってもお金は増やせるけど、
そんなことは長続きしないよね。
また、売上高の減少を補うために無理に経費を減らしたら、
価値を生み出すための事業活動に支障をきたしてしまうね。

 そうか、売上高もやっぱり重要なんだね。

損益計算書を見る際には、
利益が増加しているかどうかだけでなく、
売上高が増えているか、利益の増加の原因は
売上高の増加にあるのか費用の減少によるものなのか、
まで確認する必要があるってことだね。

ちなみに売上高は損益計算書の一番上にあるからトップライン、
当期純利益は損益計算書の一番下にあるからボトムライン、

と呼ぶこともあるよ。

トップラインとボトムライン、両方大事ってことだね。

POINT 利益の増減だけでなく、売上高の増減にも注意が必要。

また、売上高を見る際には、
貸借対照表の売掛金にも注意する必要があるんだ。

売掛金ってたしか、
商品を売って将来お金をもらう権利だったよね。
どうして売掛金が関係あるの？

たとえば前期と比べて売上高が伸びていても、
売掛金が同じくらい増えている場合は、
売掛金の回収の見込みがないのに無理やり売っている
ということも考えられるんだ。

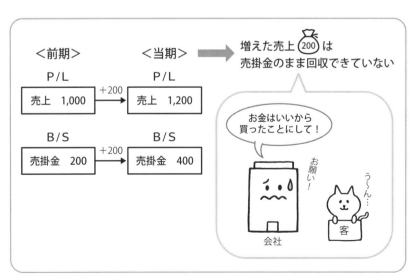

売上高の数値が実態を反映したものであるかどうかを
判断するためにも、ひとつの科目だけでなく
ほかの科目との関係にも注意する必要があるんだよ。

 売上高の増減を見る際には、
売掛金の増減にも注意する必要がある。

■「粗利益」ってよく聞くけど、どういうもの？

売上高のつぎに、売上原価という科目があるね。

Ⅰ	売上高	10,000
Ⅱ	売上原価	6,000
	売上総利益	4,000

売上原価（うりあげげんか）は、
売った商品を仕入れたり作ったりした際にかかった金額のことで、
売上高から売上原価を引いた額が、**売上総利益**（うりあげそうりえき）
になるんだ。

たとえば、60千円で仕入れた商品を100千円で売ったら、
60千円が売上原価で、100千－60千＝40千円が売上総利益になるね。
売上総利益は、**粗利益**（あらりえき）ともいわれるんだ。

 粗利益って言葉は
聞いたことがあるよ。
「あらりが大きい」っていうものね。

製造業では、材料を仕入れて工場で組み立てて、
でき上がった製品を販売しているね。
この**販売した製品を作るのにかかったお金**が
売上原価になるんだ。

製造業の会社の多くは、製品を作るのにかかった材料費や、
人件費、工場の減価償却費や経費などについて、
製造原価報告書という書類で開示しているところが多いね。

また小売・卸売業では、商品を仕入れて、
その仕入れた商品を販売しているから、
販売した商品を仕入れるのにかかったお金が売上原価になるね。

ちなみに、自分たちで作ったものは製品、
ほかの会社から仕入れたものは商品と呼ぶんだ。

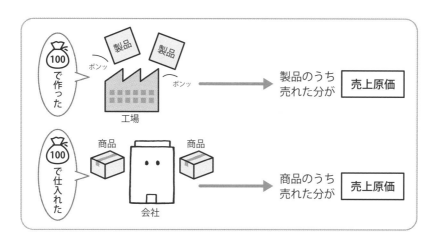

POINT

販売された商品を
仕入れたり作ったりするのにかかった
お金のことを売上原価という。
売上高から売上原価を引いたものを売上総利益
または粗利益という。

またサービス業では、商品や製品を売るわけではないから、
売上高、売上原価、売上総利益という形式ではなく、
営業収入（えいぎょうしゅうにゅう）という科目で
手数料などの収入を記載するんだよ。

売上原価について注意してほしいのは、あくまで
売れた商品や製品についての仕入原価、製造原価を示す
ってことなんだ。

 どういうこと？

工場でどんなに製品を作っても、
仕入先からどんなに商品を仕入れても、
その製品や商品が売れない限り
製造や仕入にかかったお金は当期の費用にはならないんだ。

 どんなに工場でお金を使っても
それが費用にならないってこと？

それじゃあ、その使ったお金は
どうなっちゃうの？

貸借対照表の資産の部に
在庫（棚卸資産）として計上されるんだ。

仕入れた商品や製造した製品は、**売れれば売上原価に、**
売れなければ在庫になるってことだね。

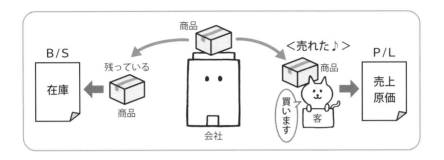

POINT 売上原価は、あくまで売れた商品についてかかったお金であり、
売れていない部分についてかかったお金は在庫（棚卸資産）
として計上される。

また、売上総利益を売上高で割ったものを
売上総利益率（うりあげそうりえきりつ）、
または粗利率（あらりりつ）というんだ。

> **売上総利益率（粗利率）＝ 売上総利益 ÷ 売上高**

売上総利益率を見れば、**仕入れた（作った）ものに
どれくらい利益を乗せて売っているか**がわかるんだ。

売上総利益率の高い会社は、
製造や仕入にかかった金額よりも
かなり高い金額で売ることができているってことだよね。

たとえば、ある製品を作るのに200円かかったとして、
それが1,000円で売れた場合、お客さまから見て800円高く払っても
買いたいと思うだけの価値があるってことだから、
商品や製品の競争力が高いといえるんだよ。

逆に売上総利益率の低い会社は、
たとえば200円で作った製品が

300円でしか売れていないってことだね。
これは、ほかにも同じ製品を作れる会社がたくさんあって、
お客さまから見てあまり魅力的でないなどの理由が考えられるんだ。

 それじゃあ売上総利益率が低い会社は
だめなんだね。

必ずしもそうとは限らなくて、大量生産して
利益率の低い製品をたくさん売るという方針で成功している
会社もあるんだ。

ただし、過去と比較して
売上総利益率が下がっている会社は、
他社との価格競争が激化して
商品の価格を下げざるを得なくなっている
可能性があるね。

また、商品の販売価格が下がった場合だけでなく、
仕入価格や製造原価が上昇した場合も、
売上総利益率は低下するね。

売上総利益率を見ることで、
そうした販売戦略の違いや競争の状態、原価率などを
読み取ることができるってことだね。

 売上総利益率は、
会社が扱っている商品の競争力を示すものであり、
販売戦略の違いや原価率を読み取ることができる。

■「営業利益」は 会社の営業活動の成果

売上総利益のつぎに出てくる利益が、
営業利益（えいぎょうりえき）だね。

	売上総利益	4,000
Ⅲ	販売費及び一般管理費	2,700
	営業利益	1,300

売上総利益から
販売費及び一般管理費（はんばいひおよびいっぱんかんりひ）を
引くことで、営業利益が求められるんだ。

営業利益がマイナスの場合を営業損失といい、
営業利益と営業損失を総称して営業損益と
いうんだ。

 販売費及び一般管理費って、どういう意味？

**会社が商品やサービスを売るという活動をするために
必要な費用**のことだね。

販売費及び一般管理費の内訳は注記で開示されるから、
ここで注記を見てみよう。

1 給与手当	700
2 貸倒引当金繰入額	100
3 賞与引当金繰入額	100
4 退職給付費用	100
5 広告宣伝費	300
6 旅費交通費	100
7 賃借料	200
8 通信費	100
9 租税公課	100
10 減価償却費	600
11 のれん償却額	200
12 その他	100

どのような科目を使うかに厳密（げんみつ）なルールはないから、
会社の事業内容によって使う科目は異なるんだ。

たくさんあるけど、
何となく意味がわかる科目が多いね。

そうだね。

給与手当（きゅうよてあて）は
当期の給与や賞与のことだね。

貸倒引当金繰入額（かしだおれひきあてきんくりいれがく）は、
前の章で説明したとおり、将来の貸倒れに備えて
あらかじめ引当金として繰り入れた額を示すもので、▶P68
賞与引当金繰入額（しょうよひきあてきんくりいれがく）は、
将来の賞与の支払に備えて
あらかじめ引当金として繰り入れることによって生じた費用なんだ。

つぎの**退職給付費用**（たいしょくきゅうふひよう）は、
退職金に関して生じる費用のことだよ。

そのつぎにある**広告宣伝費**（こうこくせんでんひ）とか
旅費交通費（りょひこうつうひ）、
賃借料（ちんしゃくりょう）や**通信費**（つうしんひ）なんかは
だいたい意味がわかるよ。

つぎの**租税公課**（そぜいこうか）は、印紙税などの税金のことだね。

減価償却費は、固定資産取得のために支払った金額を
毎期の費用として配分したものだったね。▶ P94

のれん償却額は、のれんを毎期の費用として
配分したものなんだ。
これらの費用は会社が営業活動をするうえで必要なものだよね。

そうだよね。
給料や家賃を払わないと
会社は活動できないものね。

そこで、商品や製品を売ったことによって得た売上総利益から
こうした販売費及び一般管理費を引いて、
営業活動の成果としての営業利益を求めているんだ。

販売費及び一般管理費は、
略して**販管費**（はんかんひ）と呼ぶこともあるよ。

商品やサービスを売るという活動をするために必要な費用を
販売費及び一般管理費、または販管費という。
売上総利益から販管費を引いたものが営業利益である。
営業利益は営業活動の成果を示す。

また、会社が経費削減をしようとする場合に
対象としやすいのも販管費の部分なんだ。
逆に無駄遣いが多いと、
販管費も増えて営業利益も悪化するといえるね。

 それじゃあ販管費は少ないほどいいんだね。

そうとは限らないんだ。
会社は営業活動のためにお金を使わなければ
価値を生み出すことができないからね。

 それじゃあ、どれくらいの販管費が
ちょうどいいの？

それは会社によって異なるけど、重要なのは
あくまで**売上高との関係で判断する**ことだね。

販管費に限らず、費用は売上を増やすためのものなのだから、
費用に見合った売上が生み出されているかがポイントなんだ。

費用は少なければよいというわけではなく、
費用に見合った売上が生み出されているかが重要。

 費用に見合った売上って
どうやったらわかるの？

一定の売上のためにどれくらいの費用が必要かは
会社の事業内容によっても異なるから、
同じ業界の会社と比較することが有効だね。

**売上高と費用の比率を計算して、それを同業他社の比率と
比較すると、費用の水準が適正かどうかがわかる**んだ。

営業利益と売上高の比率を、
売上高営業利益率（うりあげだかえいぎょうりえきりつ）、
または単に**営業利益率**（えいぎょうりえきりつ）というんだ。

> 売上高営業利益率 ＝ 営業利益 ÷ 売上高

この売上高営業利益率を同業他社と比較することで、
販管費の水準を比べることができるね。
**売上高営業利益率が高いほど、
少ない販管費で多くの売上を生んでいる**ってことだからね。

また、販管費を構成するそれぞれの費用科目ごとに
売上高との比率を計算して同業他社と比較するのも有効なんだ。
それによって、どういった項目で余分な費用が生じているかが
わかるからね。

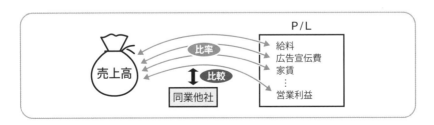

■「経常利益」の 「経常」ってどういう意味？

営業利益のつぎが、**経常利益**（けいじょうりえき）だね。

	営業利益		1,300
Ⅳ	営業外収益		
	1 受取利息	100	
	2 受取配当金	200	
	3 有価証券売却益	100	
	4 持分法投資利益	200	
	5 その他	100	700
Ⅴ	営業外費用		
	1 支払利息	300	
	2 為替差損	200	
	3 その他	100	600
	経常利益		1,400

営業利益に**営業外収益**（えいぎょうがいしゅうえき）を加えて、
営業外費用（えいぎょうがいひよう）を引くことで、
経常利益が計算されるんだ。

また営業利益と同じように、
マイナスの経常利益を経常損失といい、
経常利益と経常損失を総称して経常損益
というんだ。

 営業外収益や営業外費用の
営業外ってどういう意味？

通常の営業活動以外で生じる費用や収益のことなんだ。

おもに財務活動に関する収益や費用のことだね。

財務活動ってどんなこと？

お金を調達したり、余ったお金を運用したりすることだよ。

たとえばお金を借りる際には利息を支払うし、
余ったお金で有価証券を売買すると損失や利益が生じたり、
配当や利息をもらったりするよね。

こうした収益や費用が営業外損益になるんだ。

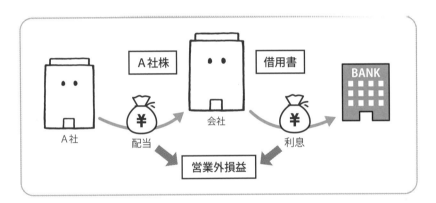

**会社が事業活動していくうえで、これらの財務活動は
メインの活動ではないけど必要不可欠なもの**で
毎期発生するものなんだ。

お金を借りている会社は、利息を払わないと
そもそも事業をすることができないからね。

営業利益から、
営業以外で毎期経常的に発生する収益を加えて、
費用を引くことで、経常利益を計算しているんだ。

つまり経常利益は、**その会社が経常的に行なっている
事業の中で得た利益**ってことだね。

 だから経常利益っていうんだね。

つぎに営業外収益の具体的な科目を見てみよう。

受取利息（うけとりりそく）は
お金を貸す見返りに受け取る利息のことで、
受取配当金（うけとりはいとうきん）は
ほかの会社の株式を保有することで受け取れる配当金のことだね。

有価証券売却益（ゆうかしょうけんばいきゃくえき）は、
ほかの会社の株式や社債等の有価証券を
買ったときの値段よりも高く売ったときに
生じる収益のことなんだ。
逆に買ったときの値段よりも安く売って損失が出た場合は、
有価証券売却損（ゆうかしょうけんばいきゃくそん）という科目で
営業外費用になるね。

名前は難しそうだけど、
どれも貸付金や株式や社債など、
お金の運用から生じる収益だね。

つぎの**持分法投資利益**（もちぶんほうとうしりえき）は、
連結決算特有の科目で、**関連会社の計上した損益のうち
親会社に属する部分**のことなんだ。

関連会社って何だっけ？

子会社のように支配はしていないけど、
親会社が重要な影響を与えることのできる会社のことだよ。

親会社がその会社の議決権の20%以上を持っているか、
それより少なくても、役員を送り込むなど何らかの理由で
重要な影響を及ぼすことのできる会社は関連会社になるんだ。

関連会社が計上した損益は、
親会社が持っている議決権の割合分だけ
親会社のものになるから、
その部分を持分法投資損益で示すんだ。

 うーん、イメージが湧かないな。

たとえば
親会社がある関連会社の議決権の30%を持っていて
その関連会社が100千円の利益を計上した場合、
利益は株主のものだから
100千円のうち30千円が親会社のものになるよね。

そこで、この30千円を
持分法投資利益として損益計算書に計上して、
同時に貸借対照表にある投資有価証券の金額を
30千円増やすんだよ。

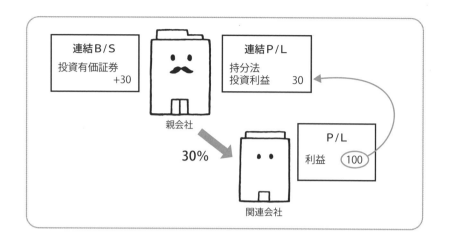

なるほどね。
関連会社の利益のうち自分に帰属する分だけ
計上させるってことなんだね。

逆に関連会社に損失が発生している場合は、
それも株主のものになるから
持分法投資損失という科目で営業外費用になるね。

つぎに営業外費用を見てみよう。

支払利息（しはらいりそく）は、
お金を借りた相手に支払う利息のことだね。
支払利息の水準は、とくに注意する必要があるのだけど
この点については第6章で説明しよう。

つぎの**為替差損**（かわせさそん）は
為替の変動によって生じる損失のことだね。

為替って1ドル＝100円とかのことだよね。
為替が変わると費用や収益が生じるの？

たとえば10千ドル（1万ドル）で商品を売って売掛金を計上したときに
為替レートが1ドル＝120円だったとすると、
売上高と売掛金は1,200千円（120万円）で計上するよね。

その後、売掛金を回収するとき
為替レートが1ドル＝100円になったとすると、
その売掛金からは1,200千円ではなくて
1,000千円しか回収できなくなってしまうね。

 ということは、為替が変動したために
損しちゃったってことだね。

そうだね。

為替の変動によって日本円で回収できる金額が
減ってしまったから、差額の200千円が為替差損になるんだ。

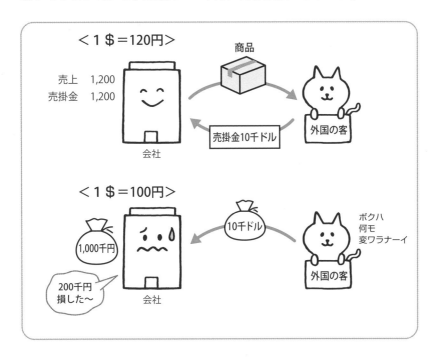

また、まだ回収していない外貨建ての売上債権も、
期末の為替レートで評価して計上する必要があるんだ。

たとえば、今の例の売掛金が期末に残っていた場合は、
1,200千円ではなく1,000千円として評価するんだ。
実際に日本円として回収できるのは、
1ドル＝100円のもとでは1,000千円だからね。

この場合の差額の200千円も、為替の変動による損だから
為替差損になるんだよ。

 でも、為替の変動で得することもあるよね？

そうだね。
為替の変動が有利に働いた場合は、為替差益（かわせさえき）になって
営業外収益として計上するんだよ。

●「営業損益」と「経常損益」の関係から 将来性を見る

ここで営業損益と経常損益との関係について
考えてみよう。

営業損益はプラスなのに経常損益がマイナスの会社は、
本業はしっかりしていて儲かっているのに
借金が多すぎて利益が出ていないとか、
お金の運用に失敗してしまったということがいえるよね。

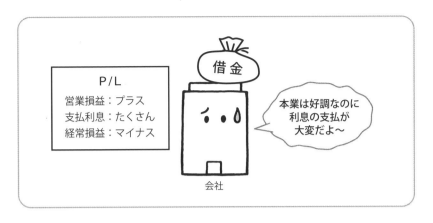

このような会社は、**負債の削減など財務構造のリストラに
よって回復する可能性が高い**といえるね。

本業が儲かっているんだから、
負債が減って支払利息も減れば
業績もよくなるものね。

逆に営業損益がよくないのに経常損益は良好な会社は、
本業ではなく財務活動で稼いでいるといえるね。

そのような会社は、本業が儲からずに
有価証券の売買などで稼いでいるということだから、
将来性に疑問があるといえるんだ。

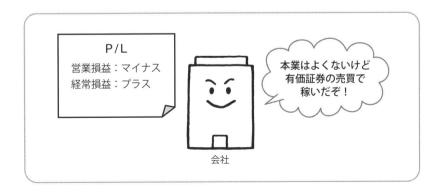

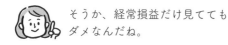そうか、経常損益だけ見てても
ダメなんだね。

営業損益と経常損益の両方を見ることで、
本業と財務活動のどちらで稼いでいるかがわかる
ってことだね。

ただしIFRSでは、経常損益の項目は存在しないから
当期純利益と比較することになるね。

●「税金等調整前当期純利益」は 例外的な利益や損失を踏まえて算出する

経常損益のつぎにあるのが
税金等調整前当期純利益の計算の部分だね。

経常利益に**特別利益**（とくべつりえき）を足して
特別損失（とくべつそんしつ）を引くことで
税金等調整前当期純利益を算出するんだ。

	経常利益		1,400
Ⅵ	特別利益		
	1 固定資産売却益	300	
	2 その他	100	400
Ⅶ	特別損失		
	1 災害による損失	200	
	2 その他	100	300
	税金等調整前当期純利益		1,500

特別利益や特別損失の特別ってどういうこと？

通常は生じない例外的で多額のもののことなんだ。
たとえば火災で建物が壊れた場合の損失などが挙げられるね。

 あれ、損失って費用とは違うの？

勘定科目の種類としてはどちらも費用だけど、
一般的に収益の増加に役立たないお金の減少を損失といって
区別しているんだ。

実際の科目を見てみよう。

固定資産売却益（こていしさんばいきゃくえき）は、
固定資産の帳簿価額よりも高い価格で
固定資産を売ったときに生じる収益のことなんだ。

 あれ、似たようなものが前にもなかった？

営業外収益に計上される有価証券売却益と考えは同じだね。

頻繁に売買する有価証券から得られる収益や損失は、
毎期発生する経常的なものだよね。

一方、固定資産を売るのは
固定資産が古くなった場合などに限られるから、
そうした例外的に発生する収益は特別利益に計上するんだ。

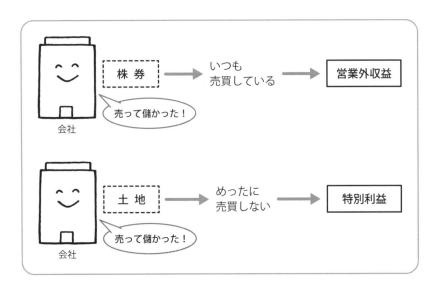

また、**災害による損失**（さいがいによるそんしつ）も
会社の実力で生じたものでないから、特別損失になるんだ。

このような会社の実力とは無関係の収益や費用を
特別利益や特別損失として計上することで、
**会社の実力を示す経常利益には
影響しないようにしている**んだよ。

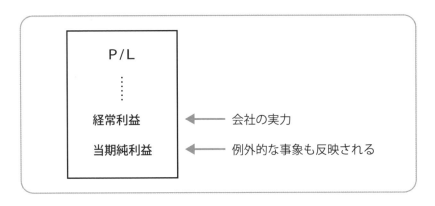

特別利益と特別損失をあわせて
特別損益というね。

ただしIFRS（国際会計基準）では、
特別損益と営業外損益を分けていないんだ。

これは、経常的なものか例外的なものかは、
恣意的な判断になりがちだから、
全部まとめて当期純利益として表示すればいい
という考え方だね。

 POINT 会社の実力を測る際には、例外的な事象を除いた
経常利益を用いる。

このように、経常利益に
特別利益を加えて、特別損失を引くことで、
税金等調整前当期純利益（ぜいきんとうちょうせいまえとうきじゅんりえき）が
計算されるんだ。

つぎに、損益計算書の一番下の部分を見てみよう。

税金等調整前当期純利益	1,500
法人税、住民税及び事業税	800
法人税等調整額	△200
法人税等合計	600
当期純利益	900
非支配株主に帰属する当期純利益	400
親会社株主に帰属する当期純利益	500

■「法人税等調整額」によって
会計上適切な「当期純利益」を算出する

このうち、**法人税、住民税及び事業税**（ほうじんぜい、じゅうみんぜい および じぎょうぜい）という科目が
当期に実際にされた税金の額を示しているんだ。

つぎの**法人税等調整額**（ほうじんぜいとうちょうせいがく）は、
実際に支払う税額を
会計上支払うべき税額に直すための科目なんだ。

 会計上支払うべき税額って
どういうこと？

会計上の利益をもとに計算した税額のことだよ。

繰延税金資産の説明のときに、
益金から損金を引いて求める課税所得と
収益から費用を引いて求める利益とは
似ているけど一致しないという説明をしたよね。 ▶P85

だから、実際に課される税額と
会計上の利益をもとに計算した税額も異なるのだったね。

 そういえばそんな話をしてたね。
費用を計上しても、税務上は認めてくれなくて
たくさん税金を払わなきゃいけないことが
あるんだよね。

そうだね。

会計の観点から払いすぎた税金で将来解消されるものは、
繰延税金資産や繰延税金負債によって
将来の税金の減額や増額を示すのだったよね。

たとえば、実際に払う税額が800千円の会社があったとしよう。

この800千円のうち、会計上の費用が税務上の損金として
認められずに生じた部分が200千円、
つまり会計上は200千円の税金を早めに支払っていたとするね。

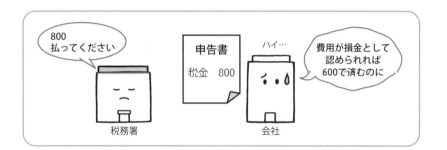

この200千円は、
税と会計のタイミングの違いによって生じたもので、
会計上は早く払ったものだから、
将来、200千円の税金を減らす効果があるんだ。

 そうか、将来その分の税金は
払わなくていいんだものね。

そこで、この200千円を繰延税金資産にして、同時に
実際に払った税額である法人税、住民税及び事業税から
会計上は払い過ぎた200千円を引いて、
会計上支払うべき税額を示すようにするんだ。

具体的には、

（借方）繰延税金資産　200　　（貸方）法人税等調整額　200

という処理をして、損益計算書では

法人税、住民税及び事業税	800
法人税等調整額	△200
法人税等合計	600

と記載するんだ。

法人税、住民税及び事業税の800千円から
法人税等調整額の200千円が引かれて、
600千円と計算されているね。

 その600千円が、会計上支払うべき税額ってことだね。

その通りだね。

当期純利益は、税金等調整前当期純利益1,500千円から
会計上支払うべき税額600千円を引いて
計算されることになるんだ。

そうすることで、会計上適切な当期純利益が
計算できるってことだね。

 法人税、住民税及び事業税に
法人税等調整額を加減算して、
会計上支払うべき税額が計算される。

●「非支配株主に帰属する利益」は 親会社のものにならない利益のこと

非支配株主に帰属する当期純利益
（ひしはいかぶぬしにきぞくするとうきじゅんりえき）は、
子会社が計上した当期純利益のうち
非支配株主のものになる部分のことなんだ。

つまり、**親会社株主のものにならない部分**ってことだね。

 非支配株主って何だっけ。

子会社の株主のうち、親会社以外の株主のことだね。

たとえばA社がB社の株式の60%を持っている場合、
B社はA社の子会社になって、
A社以外のB社株主が
非支配株主になるのだったね。▶P120

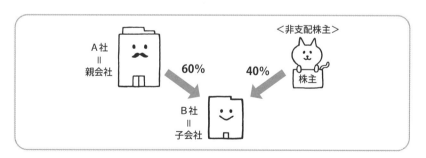

B社が計上した当期純利益はB社の株主のものだね。

だから当然、
B社の非支配株主は、B社が計上した当期純利益のうち

自分たちの持分にあたる部分をもらう権利があるよね。

逆にいえば、
この部分は親会社のものではないってことなんだ。

 非支配株主がいる場合は、
子会社の利益が
ぜんぶ親会社のものになるわけじゃないんだね。

子会社の収益や費用は、親会社と全部合算するから、
そのままだと親会社の分ではない利益まで計上されて
利益が多くなり過ぎてしまうね。

だから子会社が計上した当期純利益のうち、
非支配株主のものになる部分を、
非支配株主に帰属する当期純利益として表示するんだよ。

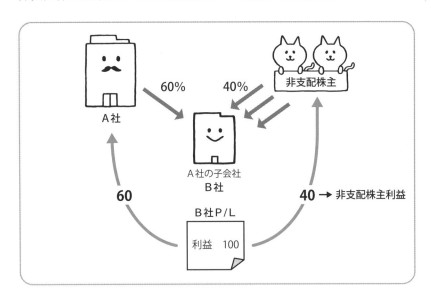

当期純利益から非支配株主に帰属する当期純利益を引くことで、
親会社株主に帰属する当期純利益が計算されるんだ。

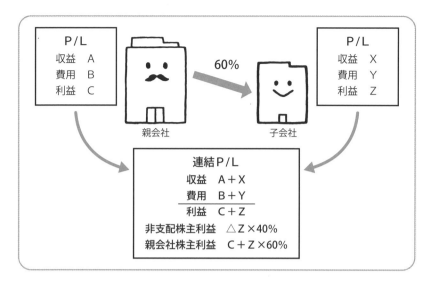

逆に、子会社が損失を出している場合は、
非支配株主に帰属する当期純損失という科目で
余分に計上されている損失を減らすために
当期純利益に加算するんだ。

このようにして計算された損益計算書の末尾にある利益のことを、
単に**当期利益**（とうきりえき）、**最終利益**（さいしゅうりえき）、
または前にもいったけどボトムラインといったりもするよ。

POINT 当期純利益から非支配株主に帰属する当期純利益を除いたものを
親会社株主に帰属する当期純利益という。

● EBITとEBITDAは 業績を比較しやすくするための指標

つぎに、損益計算書には直接出てこないけど
重要な考え方である**EBIT**（イービット）について説明しよう。

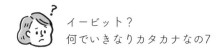

イービット？
何でいきなりカタカナなの？

EBITとは、Earnings Before Interest and Taxesの略で、
利息と税金を引く前の利益のことなんだ。

計算方法はいくつかあるけど代表的なのはこれだね。

> **EBIT ＝ 税金等調整前当期純利益 ＋ 支払利息 － 受取利息**

こうすることで、利息と税金を引く前の利益が
計算できるからね。

　何のためにそんな計算をするの？

決算書の数値は、他社と比較することで
いろいろなことがわかるのだったね。

ところが、同じ業界に属している会社であっても、
利率や税率が違ったりすると、うまく比較ができないよね。

とくに海外会社と比較する場合には、
利率と税率の違いが大きいから、
これらを引く前の利益で比較する場合があるんだ。

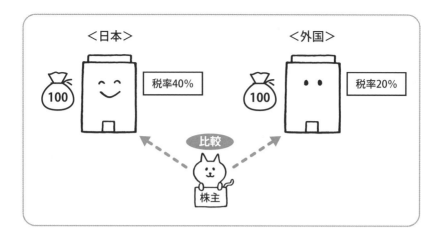

 POINT 利息と税金を引く前の利益をEBITという。

つぎに**EBITDA**（イービットディーエーまたはイービットダー）について説明しよう。

DAは、Depreciation Amortizationのことで減価償却費（▶**P96**）などのことなんだ。

だからEBITDAは、
利息と税金、減価償却費を引く前の利益ってことだね。

計算方法はいくつかあるけど、簡単なのは

> EBITDA ＝ 営業利益 ＋ 減価償却費

だね。

 EBITDAは何のために計算するの?

前に説明したように、減価償却費の計算方法には、
定額法や定率法など複数の方法があるし、
何年間に分けて費用を配分するかも会社の任意なんだ。

とくに国によって減価償却に関する税務上の規定が異なるから、
会社によって減価償却費の計上の仕方は
バラつきがあるんだよ。

そこで、利息と税金だけでなく、
減価償却費を引く前の利益を計算して、
会社間で業績を比較しやすくするための指標が
EBITDAなんだ。

● 利益の計上と
   お金が増えるタイミングは違う

最後に、利益とお金の関係を説明しておこう。

損益計算書の当期純利益の分だけ
最終的には会社のお金が増えるはずなのだけど、
利益が計上された期に同じだけお金が増える
というわけではないんだ。

 え、そうなの?
利益の分だけお金が増えるんじゃないの?

長期的に見ると、利益の分だけお金は増えるはずなんだ。

でも実際には、
収益とお金の増加のタイミングは一致しないし、
費用とお金の減少のタイミングも一致しないよね。

たとえば、
通常の仕入や売上などの取引では、
現金の受け払いはあとでまとめてするケースが多いよね。

 いちいちお金を払ってたら
面倒だものね。

それに、今までに説明した評価損や引当金は
将来のお金の減少をあらかじめ費用として計上するものだし、
減価償却は、過去のお金の減少を
後から費用として計上するものだからね。

 会計ってお金に関することなのに、
お金の動きとは別に処理してるんだね。

お金の動きよりも、**会社の活動の実態を表すように**
会社の事業活動にあわせて処理しているんだ。

だから、**当期に増えた利益の分だけ**
当期にお金が増えるわけではないんだよ。

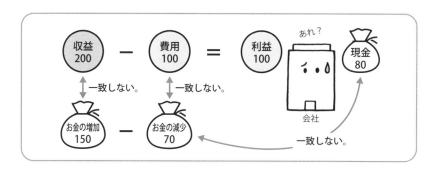

利益の金額は
長期的には会社にもたらされるお金と一致するが、
短期的には利益の金額だけお金が増えているとは限らない。

それじゃあ、お金の動きはわからないの？

実際のお金の動きを示すのがキャッシュフロー計算書の役割なんだ。
そこでキャッシュフロー計算書についてつぎの章で説明しよう。

第 4 章

「キャッシュフロー計算書」の読み方の基本

キャッシュフロー計算書は、お金の増減についての情報を示すものです。お金をどのように増やし、何に投資し、どのように調達・返済したかを読み取ることができます

■「キャッシュフロー」ってどういう意味?

つぎに、キャッシュフロー計算書について説明しよう。

 キャッシュフローって言葉はよく聞くけど、
どういう意味なの?

キャッシュはお金のことだね。

正確には換金が容易で価格変動リスクがないもののことで、
現金や普通預金、当座預金、通知預金、それに3カ月以内に
引き出せる定期預金などのことなんだ。
基本的にはお金のことだと思ってくれればいいよ。

また、フローは**ある期間の増減**という意味なんだ。

 キャッシュがお金のことで、
フローがある期間の増減のことだから、
キャッシュフローって**お金の増減**ってことだね。

そのとおりだね。

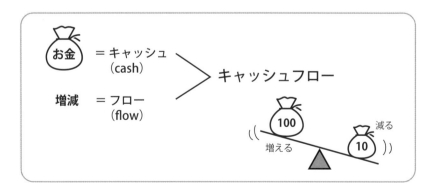

じゃあキャッシュフロー計算書は
お金の増減を計算する書類ってことなんだね。

でもお金の増減って
ほかの決算書ではわからないの?

**会計の世界では、
お金がどのようにして増えたり減ったりしたか
という情報は記録されない**んだ。

そういえば、
お金の動きよりも
会社の活動の実態を表すように
記録しているって言ってたものね。

でも貸借対照表や損益計算書に
あれだけたくさん情報が載っているのに、
お金の増減の情報は載っていないんだね。

そうなんだ。

お金は資産科目だから
貸借対照表で、ある時点のお金の「残高」は示されるけど、
お金の「増減」は貸借対照表からはわからないよね。

また損益計算書は、「利益」の増減を示すものだから、
「お金」の増減はわからないんだ。

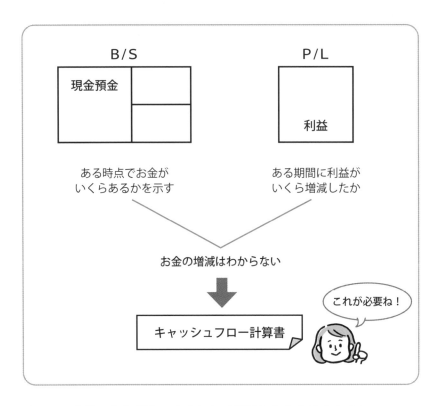

そこで、会社のお金がどのようにして増減したかを示すために、キャッシュフロー計算書があるんだよ。

 POINT キャッシュフロー計算書は、会社のお金がどのようにして増減したかを示す決算書である。

■「キャッシュフロー計算書」って どんなもの？

実際のキャッシュフロー計算書を見てみよう。

キャッシュフロー計算書

区　分	金　額
Ⅰ　営業活動によるキャッシュフロー	
1　税金等調整前当期純利益	500
2　減価償却費	600
3　のれん償却額	200
4　貸倒引当金の増加額	200
5　受取利息及び受取配当金	−300
6　支払利息	300
7　為替差損	200
8　持分法投資利益	−200
9　有形固定資産売却益	−100
10　売上債権の増加額	−300
11　棚卸資産の減少額	100
12　仕入債務の減少額	−200
小計	1,000
13　利息及び配当金の受取額	200
14　利息の支払額	−200
15　法人税等の支払額	−500
営業活動によるキャッシュフロー	500
Ⅱ　投資活動によるキャッシュフロー	
1　有価証券の取得による支出	−200
2　有価証券の売却による収入	100
3　有形固定資産の取得による支出	−500
4　有形固定資産の売却による収入	100
5　投資有価証券の取得による支出	−400
6　投資有価証券の売却による収入	200
7　連結の範囲の変更を伴う子会社株式の	
売却による収入	200
8　貸付けによる支出	−100
9　貸付金の回収による収入	200
投資活動によるキャッシュフロー	−400
Ⅲ　財務活動によるキャッシュフロー	
1　短期借入れによる収入	200
2　短期借入金の返済による支出	−200
3　長期借入れによる収入	300
4　長期借入金の返済による支出	−250
5　社債の発行による収入	300
6　社債の償還による支出	−150
7　株式の発行による収入	300
8　自己株式の取得による支出	−100
9　配当金の支払額	−200
10　非支配株主への配当金の支払額	−100
11　その他	100
財務活動によるキャッシュフロー	200
Ⅳ　現金及び現金同等物に係る換算差額	100
Ⅴ　現金及び現金同等物の増加額（又は減少額）	300
Ⅵ　現金及び現金同等物の期首残高	500
Ⅶ　現金及び現金同等物の期末残高	900

キャッシュフロー計算書は
つぎのように区分されているんだ。

I 営業活動によるキャッシュフロー
II 投資活動によるキャッシュフロー
III 財務活動によるキャッシュフロー
IV 現金及び現金同等物に係る換算差額
V 現金及び現金同等物の増加額（又は減少額）
VI 現金及び現金同等物の期首残高
VII 現金及び現金同等物の期末残高

このうち、
お金がどのように増えたり減ったりしたか
を示しているのはI、II、IIIの部分なんだ。

キャッシュフロー計算書の構造を簡単に説明すると、
Iの**営業活動**（えいぎょうかつどう）**によるキャッシュフロー**は
会社の本業から生じるお金の増減のことで
損益計算書でいえば営業利益（▶**P139**）に相当するんだ。
単に営業キャッシュフローともいうね。

IIの**投資活動**（とうしかつどう）**によるキャッシュフロー**は
設備投資や子会社の取得などの
投資のために生じるお金の増減のことだね。
投資キャッシュフローともいうね。

IIIの**財務活動**（ざいむかつどう）**によるキャッシュフロー**は
お金の調達や返済などによって生じるお金の増減のことなんだ。
財務キャッシュフローともいうね。

どうしてそんなふうに分かれているの？

会社はさまざまな活動をしてお金を増やしているよね。

具体的には、
株主や債権者からお金を調達して、
それを将来のための投資に使ったり、
仕入や製造や研究開発を行なったりして、
商品やサービスを販売することでお金を増やしているね。

このうちお金の調達が財務活動、
将来のための投資が投資活動、
製造や販売が営業活動にあたるんだ。

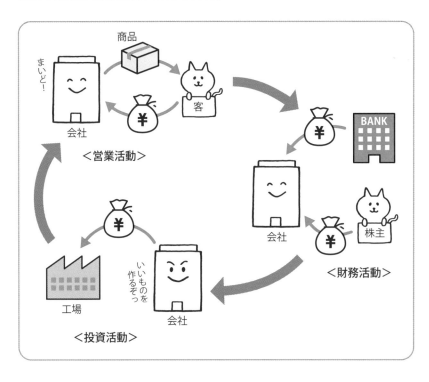

会社のお金の増減を、このように３つの活動に分類することで、
会社がどのような活動によってお金をどれだけ増やしたかを
わかりやすく示しているんだよ。

● ３種類のキャッシュフローを見れば
  「お金の流れ」がつかめる

これら３種類のキャッシュフロー（CF）を見ることで、
会社のお金の流れを大まかに把握することができるんだ。

 大まかに把握するって
どういうこと？

たとえば、営業CFの増加のほうが
投資CFの減少よりも大きい場合は、
本業で増やしたお金から投資に使ったお金を引いても
まだ会社にお金が残るってことだね。

そうして余ったお金は借金の返済などに使えるね。
この借金の返済などの状況は
財務CFが示すんだ。

逆に、営業CFの増加よりも
投資CFの減少のほうが大きい場合は、
本業で増やしたお金だけでは
投資のために必要なお金が足りないってことだね。

その場合、会社は
借金をするなどしてお金を調達する必要があるね。

その借金も
財務CFになるんだね。

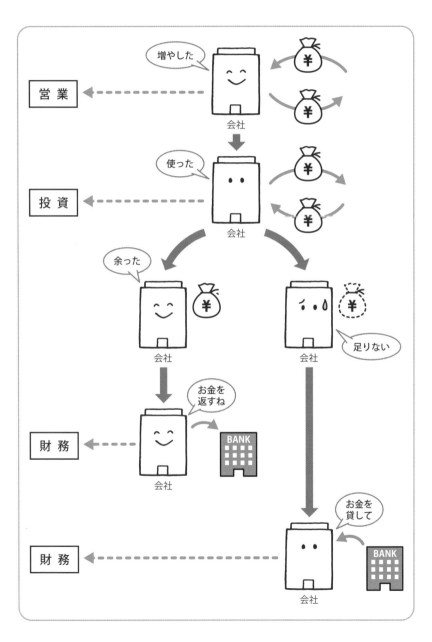

今説明したことをまとめると、
キャッシュフロー計算書が示すお金の動きは
つぎのようになるんだ。

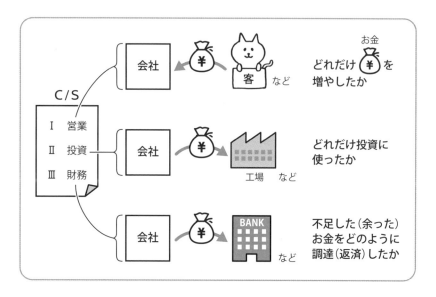

キャッシュフロー計算書は、
会社が営業活動でどれだけお金を増やし、
そのうちどれだけを投資に使い、
不足した（余った）お金をどのように調達（返済）したか、
を示すってことだね。

● 営業活動によるキャッシュフロー

つぎにそれぞれの区分をくわしく見ていこう。

まずは営業CFだね。

I　営業活動によるキャッシュフロー	
1　税金等調整前当期純利益	500
2　減価償却費	600
3　のれん償却額	200
4　貸倒引当金の増加額	200
5　受取利息及び受取配当金	－300
6　支払利息	300
7　為替差損	200
8　持分法投資利益	－200
9　有形固定資産売却益	－100
10　売上債権の増加額	－300
11　棚卸資産の減少額	100
12　什入債務の減少額	－200
小計	1,000
13　利息及び配当金の受取額	200
14　利息の支払額	－200
15　法人税等の支払額	－500
営業活動によるキャッシュフロー	500

営業キャッシュフローの部は、
まず**税金等調整前当期純利益**から始まるんだ。

あれ、どうして利益とか減価償却費とかがあるの？
営業活動なんだから、売上によるお金の増加とかの
項目があるんじゃないの？

そこがキャッシュフロー計算書の少しわかりにくいところだね。

第3章の終わりで説明したように、
長期的には利益が増えた分だけ会社のお金も増えるけど、
**短期的には利益の増減と会社のお金の増減は
一致しない**のだったね。▶**P164**

利益の増減とお金の増減とはタイミングが異なるから、
このタイミングの違いを調整すれば、
当期の利益をもとにお金の増減を求めることができるはずだね。

営業CFの項目では、
このタイミングの調整を行なっているんだ。

タイミングを調整するって、
どのようにしているの？

たとえば商品を売って受取手形を受け取った場合、
売上は収益だから利益が増えるのに
お金はまだ増えないよね。

でも受取手形があるってことは、
将来はお金が手に入るんだよね。

そうだね。
期末に受取手形が残っている場合は、
当期に増えた受取手形の分だけ、**利益は増えたのに**
まだお金が回収できていないってことだよね。

つまり、**当期に増えた受取手形の金額だけ**
その期の利益の増加額よりもその期のお金の増加額が
少ないということになるね。

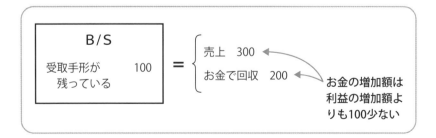

利益は増えたのに、まだお金が増えていないから、
その分だけお金が少ない
ってことなんだね。

その通りだね。

そうすると、**利益から受取手形の増加額を減らすことで、
当期にお金がいくら増えたかを求めることができる**よね。

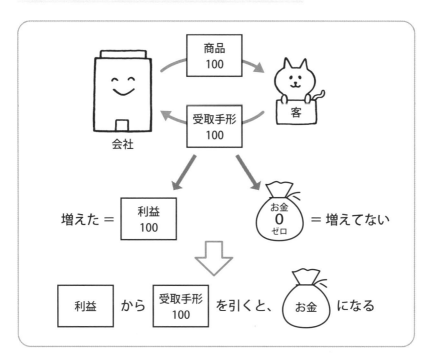

 何だかわかりにくいね。

初めはわかりづらいけど
慣れると理解できるようになるよ。

それじゃあつぎに、
営業キャッシュフローに記載されている項目をもとに
具体的に説明していこう。

税金等調整前当期純利益のつぎに
減価償却費があるよね。

1	税金等調整前当期純利益	500
2	減価償却費	600

ここでは、**税金等調整前当期純利益に
当期計上した減価償却費を加えることで、
利益とお金のズレを調整しようとしている**んだ。

どうして利益に減価償却費を加えると、
利益とお金のズレを調整できるの？

減価償却は、
過去に固定資産取得のために支払った金額を、
その固定資産を利用する期間にわたって
費用として計上する手続きだったね。

つまり、
**減価償却費が計上された時点で利益は減るけど、
お金は減少しない**ってことだね。

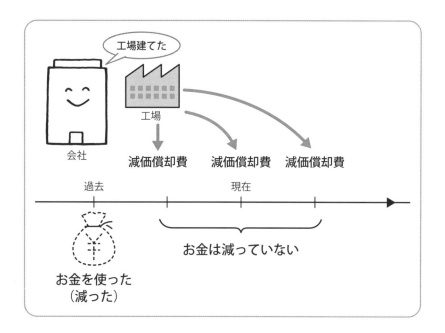

そうか。
減価償却費は費用だから、
利益は減るけど、
お金は減らないんだね。

費用なのにお金が減らないって
何だか変な感じだね。

減価償却は、過去のお金の減少を
現在の費用にするものだからね。

そうすると、**減価償却費の分だけ
利益は減っているのにお金は減っていない**、つまり
利益よりもお金のほうが多いってことになるね。

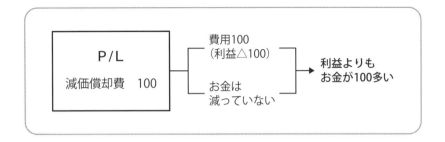

そこで、利益に減価償却費を足すことで
利益とお金のズレを調整しているんだ。

減価償却は、過去のお金の減少を当期の費用にするもので
あり、費用が計上された時点ではお金は減少しない。
そこでキャッシュフロー計算書では、利益に減価償却費を
加えることで、利益とお金のズレを調整している。

何となくわかった気もするけど、
わかりにくい形式だね。
もっとお金の流れが
わかりやすく書いてあればいいのに。

たしかに、売上でお金がどれだけ増えて、
仕入や給料でお金がどれだけ減って、
当期は差額でこれだけお金が増えた、
というふうになっていれば、もっとわかりやすいね。

でも前に説明したように、会計の世界では
会社の活動の実態を示すようにデータが記録されているから、
お金の増減を示す決算書を会計データからは作れないんだ。

そこで、会計データから直接
キャッシュフロー計算書を作成するのではなくて、
**貸借対照表や損益計算書に記載されている数値を
組み替えて作成している**んだ。

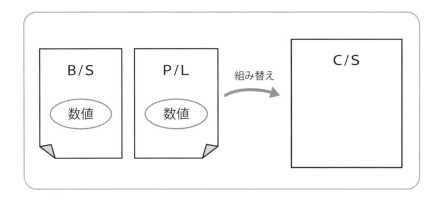

だからキャッシュフロー計算書の項目は、
資産や負債のような勘定科目ではないし、
仕組みもちょっとわかりにくくなっているんだよ。

 そういえば科目の名前も、
増価額とか減少額とか
貸借対照表や損益計算書とちょっと違うね。

そうだね。

それじゃあ営業キャッシュフローの続きを説明していこう。

減価償却費のつぎを見ると、
のれん償却額や、貸倒引当金の増加額があるね。

| 3 | のれん償却額 | 200 |
| 4 | 貸倒引当金の増加額 | 200 |

これらも減価償却と考え方は同じで、
利益とお金のタイミングのズレを
調整するためのものなんだ。

 ということは、
利益は減るのにお金が減らなかったりするの？

そうだね。
のれん償却額は、のれんを費用として配分したものだから、
減価償却と同様に費用発生時にはお金が減らないよね。

貸倒引当金の増加額は、前期末の貸借対照表と比べて、
当期末の貸借対照表に載っている貸倒引当金の金額が
どれだけ増えたかを示すものなんだ。

引当金は、将来のお金の減少を
現在の費用として、あらかじめ計上するためのものだから、
費用として計上した時点ではお金の減少は生じていないよね。

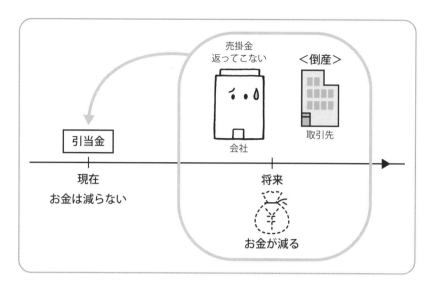

これも、**費用が計上されて利益が減っているのに
お金は減っていない**から、
利益よりもお金のほうが多いね。

だから、引当金として増加した金額を
営業キャッシュフローの部で利益に加算するんだ。

減価償却費とかと
同じなんだね。

そのつぎには、
受取利息及び受取配当金と、**支払利息**という項目があるね。

5　受取利息及び受取配当金	−300
6　支払利息	300

これはちょっとわかりにくいのだけど、ここでは
受取利息と受取配当金を引いて、支払利息を足す
という処理をしているんだ。

あれ、おかしくない？
受取利息って利息を受け取ることだから
お金が増えるんじゃないの？
支払利息も逆だよね？

キャッシュフロー計算書では、一度
受取利息及び受取配当金と支払利息をなかったことにして、
「小計」の下で
実際に入金された受取利息及び受取配当金を加えて、
実際に支払った支払利息を減らしているんだ。

13	利息及び配当金の受取額	300
14	利息の支払額	−300

どうしてそんな面倒なことをするの？

実は、営業CFは、
小計までの金額が、純粋に営業活動によるCFを示していて、
小計より下は、投資CFや財務CFに含まれないCFを
記載しているんだ。

利息は、純粋な営業活動によるCFではないから、
当期純利益から外してなかったことにして
小計の下に記載しているんだよ。

そうか、小計の金額に
営業活動ではない利息を入れないように
してるってことなんだね。

つぎの為替差損益や持分法投資損益も、
お金の増減を伴わない損益なんだ。

| 7 | 為替差損 | 200 |
| 8 | 持分法投資利益 | −200 |

為替差損は
為替レートの変動によって生じる費用であって、
為替差損の計上によってお金が減少するわけではないよね。

持分法投資利益は、関連会社の利益のうち
会社が保有している持ち分に相当する部分のことで、
収益として計上されるけどお金の増加は伴わないものだね。

どちらも、費用や収益なのに、
お金は減ったり増えたりしない
ものなんだね。

このように営業キャッシュフローの部では、
同じ年度内にお金が増えない利益や
お金が減らない費用がある場合に、
それを加減算することで、利益とお金のズレを調整する
という処理をしているってことだね。

つぎの**有形固定資産売却益**は、
純粋な営業活動によるものではないから
当期純利益から外すんだ。

そして投資CFのところで
有形固定資産の売却による収入という項目で
実際にいくらお金が増えたかを記載するんだよ。

9	有形固定資産売却益	−100

つぎにあるのが、**売上債権の増減額、
棚卸資産の増減額、仕入債務の増減額**だね。

10	売上債権の増加額	−300
11	棚卸資産の減少額	100
12	仕入債務の減少額	−200

これらは、期首と期末を比較した売上債権等の増減額が
記載されるんだ。

売上債権は売掛金や受取手形のことで、
仕入債務は買掛金や支払手形のことだったね。

まず覚えておいてほしいのは、
**売上債権や棚卸資産はキャッシュフローを悪化させるもので、
仕入債務はキャッシュフローを改善するもの**だってことなんだ。

 そういえば前に、売上債権や棚卸資産が
たくさんあるのはよくないっていってたよね。
それと関係あるの？

そうだね。
会社の目的はお金を増やすことであって、
**どんなに売上があっても、売上債権を回収できなければ
キャッシュフローは増えない**からね。

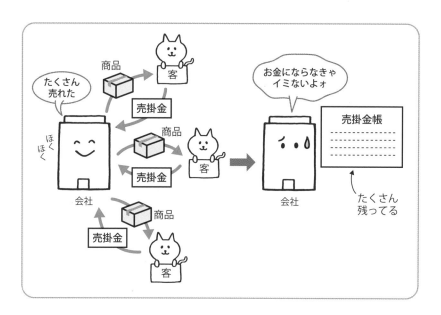

売上債権の存在は、
売上高が計上されて利益が増えたのに、
まだお金が回収できていない状態を意味するよね。

だから売上債権が増えた分だけ、
利益よりもお金のほうが少なくなるんだ。

逆に仕入債務は、会社が商品などを仕入れる際に
お金の支払をあとにしてもらうことだよね。

つまり費用は発生したけどお金は減っていないということだから、
仕入債務が増えた分だけ、利益よりもお金のほうが
多くなるってことだね。

 仕入債務って
あまりよくないものかと思ったけど、
そうではないんだね。

仕入債務は、将来のお金の支払義務を示すものだから
会社にとってよくないイメージがあるけど、
本来支払うべきお金を将来支払うことにしたのだから、
キャッシュフローの観点からはいいことなんだよ。

また棚卸資産の増減額も、売上債権と同じような効果があるんだ。

ということは、棚卸資産が増えると
キャッシュフローが悪化するってこと？

そうだね。
棚卸資産が増えるということは
お金を払って取得した商品がまだ売れていないってことだから、
キャッシュフローの観点からマイナスだね。

だから、売上債権と同じように棚卸資産についても、
利益から棚卸資産の増加額を引くことで
利益とお金のズレを調整しているんだ。

それと、キャッシュフロー計算書で
売上債権と仕入債務の増減のバランスが
大きくズレている場合は注意が必要なんだ。

増減のバランスがずれるって
どういうこと？

通常、売上債権の増減と仕入債務の増減は
だいたい似てくるはずなんだ。

たとえば
市場が拡大して売上が伸びているような場合、
売上の増加に応じて売上債権が増えるけど、

商品の仕入も増えるから仕入債務も増えるね。

逆に売上が減っている場合は、
売上債権も仕入債務も減るはずだね。

そうか、売上債権と仕入債務は
だいたい一緒に動くと思えばいいんだね。
一緒でないと何か問題なの？

たとえば仕入債務の金額はあまり変化していないのに
売上債権が大幅に増えているような場合、
売上債権の回収が滞っているということだよね。

このような会社は、回収の見込みがないのに
無理に売上を増やそうとしている可能性があるんだ。

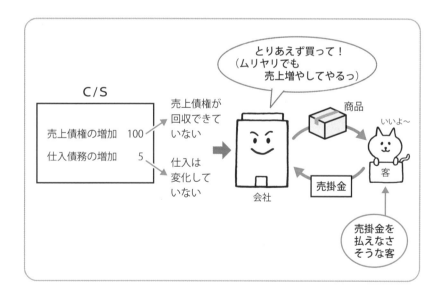

また、売上債権が変わらないのに
仕入債務が大きく減っている場合、
会社の信用力が落ちて、買掛金の支払期限が短くなったり、
現金でしか仕入ができなくなっている可能性があるんだ。

このような会社は資金繰りの余裕がなくなって、
倒産の可能性が高まることになるね。

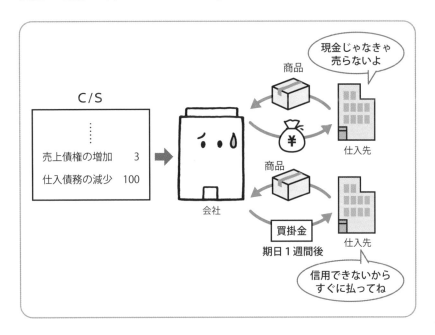

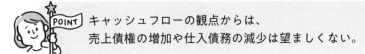

POINT キャッシュフローの観点からは、
売上債権の増加や仕入債務の減少は望ましくない。

営業キャッシュフローの説明に戻って、
下のほうに小計という項目があるね。

	小計	1,000
13	利息及び配当金の受取額	200
14	利息の支払額	−200
15	法人税等の支払額	−500

さっきも説明したけど、営業CFの部分は
営業活動で増減したキャッシュだけでなく、
法人税等の支払額のように
どこにも分類できないCFも記載されるんだ。

そうしたCFと営業CFを区別するために、
小計の前後で分けているんだよ。

 さっきの、利息及び配当金の受取額や
利息の支払額はここにあるんだね。

利息及び配当金の受取額は
投資キャッシュフローの部分に記載しても
いいことになっているんだ。

また**利息の支払額**も
財務キャッシュフローの部分に記載してもいいんだ。

これらを営業キャッシュフローの部分に記載する場合は、
営業キャッシュフローとは性格が異なるから
小計の下に記載しているんだよ。

● 投資活動によるキャッシュフロー

キャッシュフロー計算書の2つ目の区分が
投資CFの部分だね。

Ⅱ	投資活動によるキャッシュフロー	
1	有価証券の取得による支出	−200
2	有価証券の売却による収入	100
3	有形固定資産の取得による支出	−500
4	有形固定資産の売却による収入	100
5	投資有価証券の取得による支出	−400
6	投資有価証券の売却による収入	200
7	連結の範囲の変更を伴う子会社株式の売却による収入	200
8	貸付けによる支出	−100
9	貸付金の回収による収入	200
	投資活動によるキャッシュフロー	−400

何か難しそうだけど
よく見ると同じようなことが書いてあるね。

有価証券や有形固定資産、貸付金に関する
お金の増減がほとんどだね。
これらは、投資のために生じたお金の増減
を示しているんだ。

有形固定資産や有価証券の取得って
投資なの？

そうだよ。

新たに工場や研究所を建てるのは有形固定資産の取得だし、
会社を買収したりするのは投資有価証券の取得になるからね。

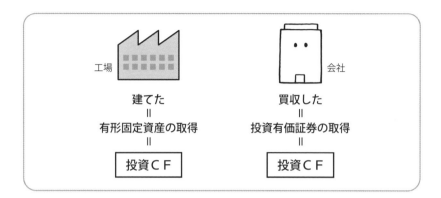

こうした投資のためにお金を使うことで、
会社は成長することができるんだ。

投資キャッシュフローは投資のために生じたお金の増減だから、
お金の減少、つまりマイナスになることが多いね。

 それじゃあ、投資キャッシュフローのマイナスが
大きい会社ほど将来成長するってこと？

キャッシュフロー計算書から読み取れるのは
投資のためにいくらお金を使ったかであって、
その投資が成功して価値を生むかどうかまでは
わからないんだ。

でも会社によっては
投資キャッシュフローがプラスの場合もあるから、
そういう会社に比べれば将来成長する可能性は高いといえるね。

投資キャッシュフローって
将来のためにお金を使うことだよね。

それなのに、投資キャッシュフローがプラスになる
ことなんてあるの?

固定資産や有価証券の取得のために支払ったお金よりも
それらを売って得たお金が多い場合、
投資キャッシュフローはプラスになるんだ。

でも、将来のためにお金を使うよりも
過去に投資した資産を売ってお金を回収するほうが多いなんて、
将来性のある会社とはいえないよね。

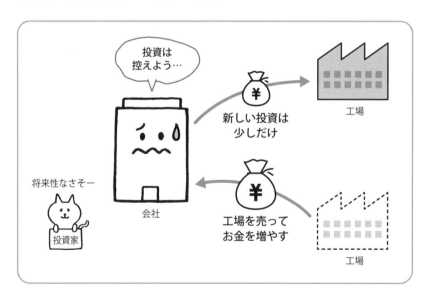

投資キャッシュフローがプラスの場合は、
将来のための投資よりも資産の切り売りによる収入が多いって
ことだから、会社がリストラ過程にある可能性が高いね。

> 投資キャッシュフローは
> 投資のために生じたお金の増減であるため、
> マイナスになることが多い。
> 投資キャッシュフローがプラスの会社は
> リストラ過程にある可能性が高い。

さっき見たように、投資キャッシュフローの区分には
有価証券や固定資産など、それぞれの項目について
支出と収入の両方が書かれているね。

これらの支出と収入の情報は、
貸借対照表や損益計算書からは読み取ることができないんだ。

有価証券や固定資産って
貸借対照表に載ってるよね。
それなのに読み取ることができないの？

たとえば、
持っていた投資有価証券を期末直前に売却して
売却益を計上し、すぐに同じ金額の投資有価証券を購入する
というようなことをした場合、貸借対照表を見ると
投資有価証券の金額は変化していないよね。

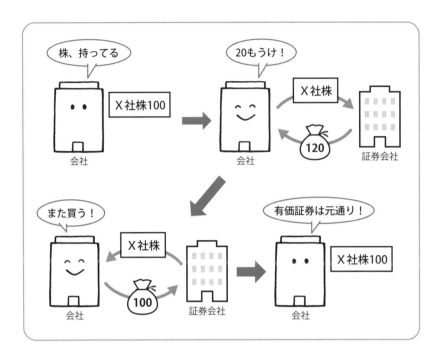

でも、キャッシュフロー計算書を見れば、
投資有価証券の売却でいくらお金が増えたか、
購入でいくらお金が減ったか、
のそれぞれを読み取ることができるね。

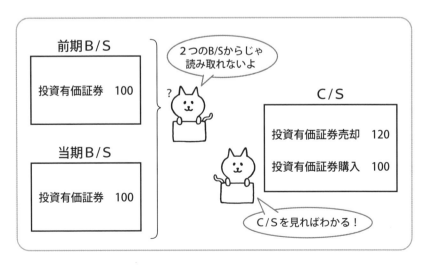

このように、有価証券や固定資産が
総額でどれだけ増えてどれだけ減ったかという情報は
キャッシュフロー計算書固有のものだといえるね。

● 財務活動によるキャッシュフロー

３つ目の区分である
財務ＣＦの部分を見てみよう。

Ⅲ	財務活動によるキャッシュフロー	
1	短期借入れによる収入	200
2	短期借入金の返済による支出	−200
3	長期借入れによる収入	300
4	長期借入金の返済による支出	−250
5	社債の発行による収入	300
6	社債の償還による支出	−150
7	株式の発行による収入	300
8	自己株式の取得による支出	−100
9	配当金の支払額	−200
10	非支配株主への配当金の支払額	−100
11	その他	200
	財務活動によるキャッシュフロー	200

項目ごとに簡単に説明するね。

初めにある**借入れによる収入**と**借入金の返済による支出**は、
名前のとおり、借金をして増えたお金と、
借金を返すことによって減ったお金を示しているんだ。

あれ、でも短期借入金も長期借入金も、
たしか貸借対照表に載ってたよね。

そうだね。

でも固定資産の取得と売却の場合と同じように、
期中に借金を返済して、また同額借り入れたような場合は、
その状況を貸借対照表から読み取ることはできないんだ。

 ということは、
これもキャッシュフロー計算書からしか
わからない情報なんだね。

つぎの**社債の発行**というのは新たにお金を借りることで、
社債の償還というのは社債を返済することだから、
借入と同じように考えてくれればいいよ。

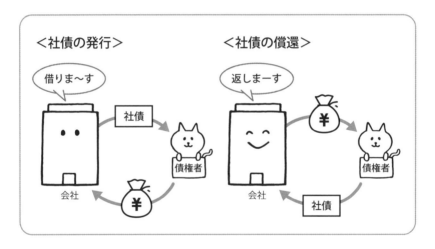

株式の発行による収入は、
会社が新たに株式を発行して
株主からの払込みで増えたお金の額のことだね。

会社は設立時に株式を発行するけど、
設立した後も、新たに株式を発行して
株主からお金を集めることがあるんだ。

自己株式の取得による支出は、
すでに発行されている自分の株式、つまり自己株式を
会社が自分で買い入れて取得する際に
株主に支払ったお金の額のことなんだ。

　ということは、
　株式の発行と自己株式の取得は
　逆のことなんだね。

そうだね。

新株の発行によるお金の調達や
自己株式の取得による株主へのお金の払戻しは、
お金の調達と返済つまり財務活動にほかならないから
財務CFの部に記載されるんだよ。

つぎの**配当金の支払額**は、
会社が株主に対して配当を支払うことで
減少するお金の額のことだね。

また**非支配株主への配当金の支払額**は、
子会社が支払う配当によって減少するお金のうち
親会社に対して支払われる配当以外のことなんだ。

　親会社に対する配当以外？
　どうして親会社に対する分は含めないの？

連結決算書はあくまで
企業集団をひとつの会社として見た場合の決算書だから、
親会社と子会社の間のやり取りは記載しないのだったね。▶ P56

キャッシュフロー計算書も連結で作成されるものだから、
あくまでグループ外に支払われた配当によるお金の減少が
記載されるんだ。

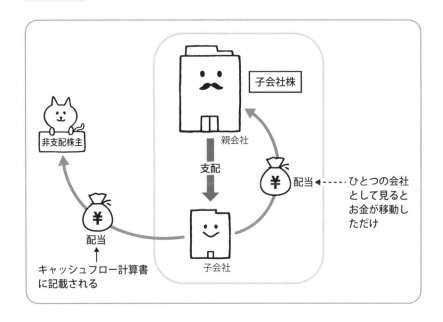

● キャッシュフロー計算書の末尾から わかること

今まで見たように、営業ＣＦ、
投資ＣＦ、財務ＣＦによって
当期にキャッシュがどれだけ増えたのか
または減ったのかがわかるよね。

そこでキャッシュフロー計算書の最後の部分で
期首にキャッシュがどれだけあったのか、
当期にキャッシュがどれだけ増減して、
その結果期末にキャッシュがどれだけになったのか
を示すようにしているんだ。

Ⅳ	現金及び現金同等物に係る換算差額	100
Ⅴ	現金及び現金同等物の増加額（又は減少額）	300
Ⅵ	現金及び現金同等物の期首残高	500
Ⅶ	現金及び現金同等物の期末残高	900

Ⅳの現金及び現金同等物に係る換算差額は
外資建てのキャッシュを為替換算して生じる期首時点との差額を
示すものなんだ。

Ⅴの現金及び現金同等物の増加額（又は減少額）が
キャッシュフロー計算書で計算されたキャッシュの増減で、
Ⅵの現金及び現金同等物の期首残高が期首にあったキャッシュ、
そしてⅦの**現金及び現金同等物の期末残高**が、期末に残った
キャッシュの額を示しているんだよ。

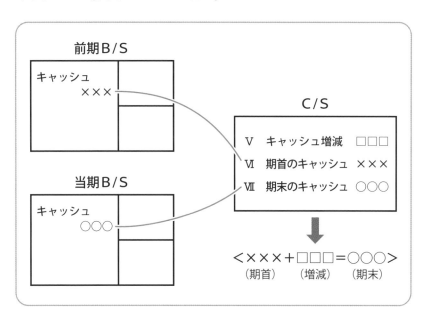

■「フリーキャッシュフロー」とは 会社が自由に使えるキャッシュのこと

最後に**フリーキャッシュフロー**（FCF）という概念について説明しよう。

フリーキャッシュフローは、
会社が自由に使えるキャッシュのことで、
**営業CFから、現在の事業を維持するために必要なCFを
引いたもの**なんだ。

 自由に使えるキャッシュは何となくわかるけど、
現在の事業を維持するためのCF
ってどういう意味？

営業CFは、会社が自分の事業で増やしたお金のことだよね。

そこから、たとえば設備の修繕のように
今の事業を維持するために必要なお金の減少を差し引いた
残りのお金は、**会社が将来の投資のために使おうと
借金の返済に使おうと会社の自由**だよね。

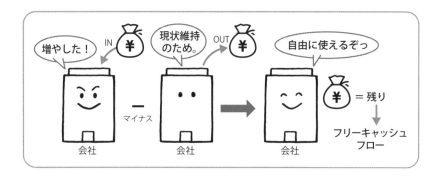

ただし外部の人がフリーキャッシュフローを計算する際は、
簡便的に

$$\boxed{\text{フリーキャッシュフロー} = \text{営業CF} + \text{投資CF}}$$

で計算することが多いんだ。

投資CFをすべて、現在の事業を維持するためのCFと
みなしているってことだね。

会社が自由に使えるお金ってことは、
フリーキャッシュフローは多いほどいいんだね。

そうだね。
フリーキャッシュフローが多ければ
それだけ会社は経営の選択肢が広がるからね。

ただ、新聞や雑誌などにあるフリーキャッシュフローランキング
には注意が必要で、こうしたランキングで上位の会社が
必ずしも経営状態がいいとは限らないんだ。

どうして?
フリーキャッシュフローは
多いほどいいんじゃないの?

こうしたランキングでは、さっき説明した簡便的な計算
つまり営業CF＋投資CFで
フリーキャッシュフローを計算していることが多いんだ。

そうすると、

**将来のために積極的に投資をしているような会社は
投資CFのマイナスが大きくなって、
フリーキャッシュフローが悪化してしまう**ね。

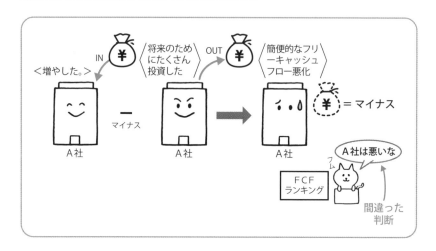

逆に経営がうまくいかずに、持っている土地や有価証券などを
売ることでお金を増やしているような会社は、
投資CFのマイナスが小さくなるから
フリーキャッシュフローは増えるんだ。

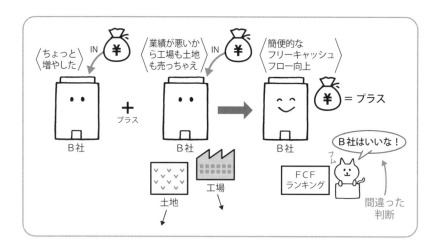

でも、そんな会社が優れているとはいえないよね。

こうしたランキングを見る際には、
フリーキャッシュフローをどのように計算しているかを
確認する必要があるってことだね。

フリーキャッシュフローは
会社が自由に使えるCFを意味する。
ただしフリーキャッシュフローランキングなどでは
簡便的な方法で計算していることが多いので、
計算方法には留意が必要である。

第 **5** 章

会社がどれだけ
儲かっているか
——「収益性分析」の基本

決算書からは、会社の収益性、つまり会社がどれ
だけのお金を使ってどれだけの利益を生み出した
か、その原因はどこにあるのか、を読み取ること
ができます

決算書から読み取れることはいろいろあるけど、
おもなものは、会社がどれだけ儲かっているか（収益性）と
会社が将来倒産せずに借金を返せるか（安全性）だね。

この章では、具体的な決算書の数字をもとに、
会社の収益性に関する情報をどのように読み取るか
について説明しよう。

その前に、決算書を読む際のポイントについて
簡単に説明しておくね。

◼ 大きな傾向をつかんでから比較する

決算書の読み方にはいろんな方法があるけど、普通は
まず区分ごとの金額をもとにして大まかな傾向をつかむんだ。

決算書は、貸借対照表も損益計算書も
キャッシュフロー計算書も、いくつかの区分に分かれてたよね。

 そういえば、貸借対照表は
左と右上と右下の３つに分かれてたね。

それだけでなく、借方（左側）の資産の部は
流動資産、固定資産、繰延資産に分かれていて、
貸方（右側）の負債の部と純資産の部も
細かく分かれていたよね。▶第2章

損益計算書も、売上総利益、営業利益、
経常利益、当期純利益、というように
利益の種類によって区分されているよね。▶第3章

これらを組み合わせて
たとえば、資産と負債の比率や利益と純資産の比率のように
わかりやすい比率を算出して、
それを**過去の比率や同業他社の比率と比較する**んだ。

そうした過去や同業他社との比較によって
会社が今どういう状態にあるか、
どのような問題を抱えているか、などを把握することで、
決算書のどの部分を集中的に見るべきかの方向性を定める
ことができるんだ。

決算書を読む際には、わかりやすい比率を算出して
過去の比率や同業他社の比率と比較することで
大まかな傾向をつかむ。

どうして過去や同業他社と比較するの？

ある会社の１年度だけの決算書を見ていても、
そこから得られる情報は限られているからだね。

決算書を用いて会社のことを知るためには、
最新の決算書だけでなく
過去の決算書を見る必要があるんだ。

こんなにたくさんの数字が載っているのに、
さらに過去の決算書も見ないといけないの？

すべての数値を見る必要はなくて、
特定の勘定科目や比率についてだけ
過去から現在までの動きを見ればいいんだよ。

過去と比較することによって、
過去から現在までの傾向はどうであったか、
今後どうなっていくのか、
当期に異常な動きがないか、
などを把握することができるんだ。

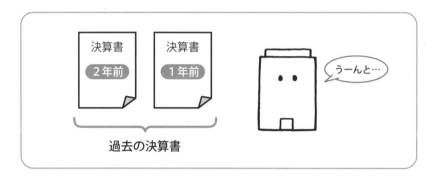

また、**決算書の数値がどのような傾向を持つかは
会社が属する業界によって大きく異なる**んだ。

 それはそうだよね。
工場で製品を作っている会社と
物を仕入れて売る会社を比べたら、
決算書の数値の傾向は違うはずだものね。

それだけでなく、同じ小売業であっても、
スーパーのように安い商品をたくさん売る会社と
高級品だけを少量売る会社とでは、
商品の値段も費用の発生の仕方も違うはずだね。

そのような会社を比較して、どちらの売上が多いとか
比較しても意味がないよね。

だから会社を分析する場合には、
**その会社とライバル関係にあるような会社の決算書も
一緒に見る**と効果的なんだ。

ライバル会社と特定の数値や指標を見比べてみて
大きく違うものがあれば、**その部分が会社の強みや弱み、
あるいは戦略の違い**である可能性があるからね。

また、ある会社の数値や指標がよくなっても
ライバル会社もそれ以上に改善していたら、
単に業界の景気がよくなっただけなんじゃないか
という予測もつくよね。

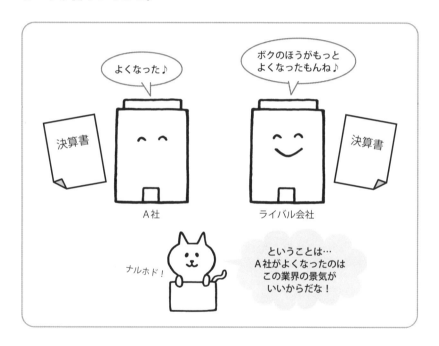

　ライバル会社と比べることで
いろんなことがわかるんだね。

また、その業界のトップと呼ばれている会社の決算書や
業界の平均データと比較することも有益なんだ。

優れた会社や平均データと比較することで、
どういった点が問題で、どのように対応すればいいのか、
改善の余地はどれくらいあるのか、
といったことが読み取れるからね。

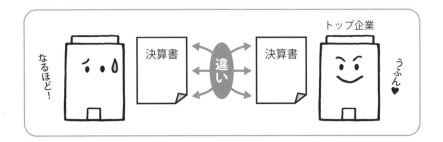

 POINT 同じ業界のトップ企業や平均データと比較することで、
優れている点や劣っている点が明らかになる。

 比較が重要なのはわかったけど、
いったい何を比較したらいいの？

それは、会社の何を分析したいかによるね。

まず、会社の収益性を分析する場合に
決算書のどこを見ればいいのかを説明しよう。

●「収益性」は
　利益を見るだけじゃわからないの？

収益性（しゅうえきせい）は、
会社がどれだけのお金を使って
どれだけの利益を生み出したかという意味なんだ。

たとえば、会社が1,000千円（100万円）のお金を調達したとして、
その1,000千円のお金を使って1年間でいくら利益を
増やすことができたか、ということだね。

でも、会社にとって大事なのは
お金を増やすことだよね。

それなら利益じゃなくて、
お金がいくら増えたかを見たほうが
いいんじゃないの？

たしかに、収益性を測る際には利益だけではなく
キャッシュフローもあわせて見るのが効果的なんだ。

でも、そもそもどうして減価償却や引当金のような
特殊な会計処理をしているかというと、
お金の動きと会社の活動が一致していないからだよね。

キャッシュフローは会社の活動の状況を
必ずしも正確に表していないから、**収益性分析では
会社の活動の状況を反映した利益をおもな対象にする**んだ。

そうすることで、会社の利益を生み出す能力を
より正確に把握できるんだよ。

収益性とは、会社がどれだけのお金を使って
どれだけの利益を生み出したかを意味する。

利益を対象にするのはわかったけど
どうして使ったお金が関係あるの？
いくら利益が出たかがわかればいいんじゃないの？

同じだけの利益を生み出していても、
その利益を生むのにどれだけのお金を使ったかで
収益性は大きく変わるんだよ。

つぎのような2つの会社の当期純利益を見比べてみよう。

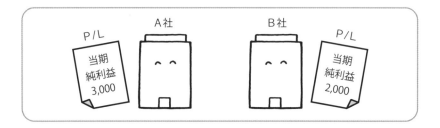

 A社は当期純利益が3,000千円でB社は2,000千円だから
A社のほうが儲かっているってことだね。

損益計算書だけを見るとそうだね。
でも、収益性を判断するためには
貸借対照表もあわせて見る必要があるんだ。

 どうして貸借対照表が関係あるの?

会社が利益を生み出すのにどれだけのお金を使っているかを
貸借対照表から読み取るんだ。

会社は、株主や債権者から預かったお金を使って
事業活動をすることで、お金を増やしているよね。

この、株主や債権者からどれだけのお金を集めているかを
貸借対照表の純資産と負債が示しているのだったね。

そうだったね。
純資産が株主から集めたお金で
負債が債権者から集めたお金なんだよね。

ちなみに純資産と負債の合計を
総資産または総資本というんだ。

株主や債権者からすれば、
**少ないお金で利益を生んでくれれば
その分だけ自分の取り分は増える**よね。

たとえば、A社には1,000千円の出資をした人が10人、
B社には1,000千円の出資をした人が5人いたとしよう。
この場合、A社の純資産は10,000千円、
B社の純資産は5,000千円になるね。

利益がすべて株主の取り分になるとすると
A社の株主は、3,000千円の利益を10人で分けるから
1人の取り分は3,000千円÷10＝300千円になるね。

これに対してB社の株主は、2,000千円の利益を5人で分けるから
1人の取り分は2,000千円÷5＝400千円だね。

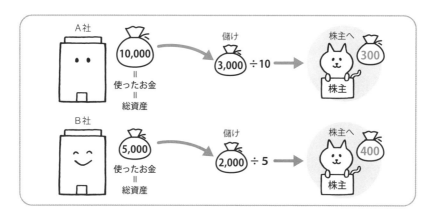

あ、Ａ社のほうが利益は大きいのに、
株主１人の取り分は、Ｂ社のほうが大きくなってるね。

そうだね。
だから収益性を見るときは、
会社が集めたお金、つまり**総資産（総資本）や純資産と
会社が生み出した利益との関係**を見ることが大切なんだ。

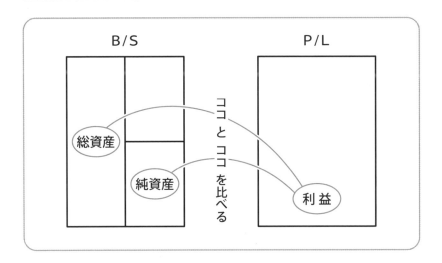

 収益性の分析では、どれだけのお金を使って
利益を生み出したかが問題になるため、
総資産や純資産と利益の関係を見る。

● 当期純利益をもとに 「ROE」を計算するのはなぜ？

つぎに、収益性を測る代表的な指標である
ROE（アールオーイー）について説明しよう。

ROE（Return On Equity）は、
自己資本利益率（じこしほんりえきりつ）のことで、
自己資本に対する利益の比率なんだ。

ROE ＝ 当期純利益 ÷ 自己資本

 自己資本（じこしほん）って何だっけ？

自己資本の定義もいくつかあるけど、
一般的には貸借対照表の純資産の部にある
株主資本とその他の包括利益累計額の合計のことだね。

自己資本 ＝ 株主資本 ＋ その他の包括利益累計額

ROEは、利益を自己資本で割ることで、
事業に投入された自己資本が
どれだけ利益として増加したかを示すものなんだ。

ROEを算出する際にどの利益を使うかに決まりはないけど、
損益計算書の一番下にある当期純利益を
使うことが多いんだ。

 どうしていろんな利益があるなかで
当期純利益を使うの？

当期純利益は、債権者に利息を支払ったあとの利益であって、
株主が配当としてもらえるものだから、
株主のものになる利益だよね。

また、自己資本は、株主から預かったお金と
会社が今までためてきたお金のことだから、

株主が投下したお金のことだね。

ROEは、株主が投下した自己資本と
株主のものになる当期純利益を比較することで、
株主にとっての収益性を適切に表しているんだ。

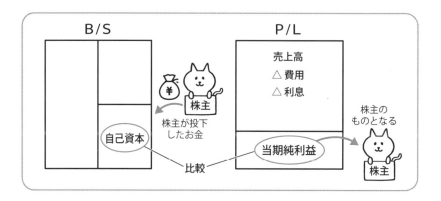

ROEの高い会社は、株主が投下したお金に対して
より多くのリターンを生み出しているってことになるね。

 ということは、ROEは高いほどいいんだね。

たしかにROEは高いほうがいいけど、
実は同じだけの利益を稼いでいても
負債の割合を増やすことでROEを高めることができるんだ。

 えっ、負債って将来お金を払う義務なんだよね。
その負債が多いとROEがよくなるって
どういうこと?

たとえば、調達したお金が10,000千円で
当期純利益が1,000千円である
A社とB社を考えてみよう。

A社は負債ゼロ、自己資本10,000千円で
B社は負債5,000千円、自己資本5,000千円だったとするね。
この場合、
A社のROEは、1,000÷10,000＝10%、
B社のROEは、1,000÷5,000＝20%になるね。

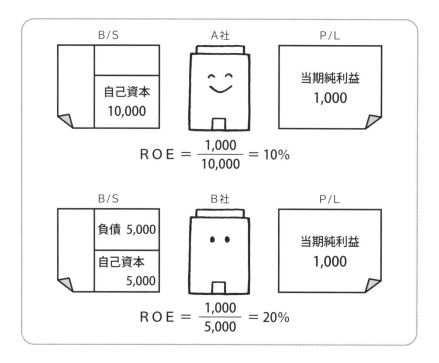

A社もB社も、10,000千円のお金を使っているのは同じでも、
そのお金をどこから調達しているかによって
ROEは変わるってことだね。

　そうか、ROEがよくなったから
会社もよくなってるとは限らないんだね。

　POINT　ROEは、負債の割合を増やしても向上する。

■ どうして「ROA」は
　　EBITを使って計算するの？

つぎに**ROA**（アールオーエー）について説明しよう。
ROA（Return On Asset）は
総資産利益率（そうしさんりえきりつ）または総資本利益率のことで、
総資産（もしくは総資本）に対する利益の比率なんだ。

ROAは、債権者の分も含めたお金の収益性だから、
EBITを用いることが多いね。

> **ROA ＝ EBIT ÷ 総資産（総資本）**

 ROEは当期純利益を使ったのに、
どうしてROAではEBITを使うの？

EBITは利息を支払う前の利益だったよね。
利息を支払う前の利益ということは、
債権者もEBITを原資にして利息の支払を受ける
ってことだね。

つまり、EBITは、
株主と債権者にとっての利益であるといえるね。

ROEで当期純利益を用いたのは、
当期純利益が株主にとっての利益だからだったね。

ROAでは、株主と債権者にとっての利益である
EBITを用いることで、
債権者が貸したお金も含めた総資産と利益の関係を
適切に示すようにしているんだ。

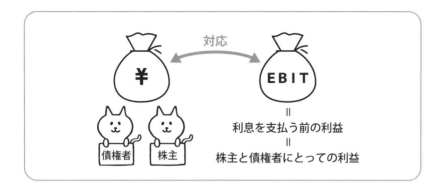

ただ、EBITは損益計算書にそのまま載っているものではなくて
別に計算しないといけないから、
ROAを算出する際には、便宜的にEBITではなく
営業利益や経常利益、当期純利益を用いることもあるよ。

より深く分析するためには ROE・ROAを「分解」する

 ROEやROAを見れば、
会社の収益性がわかるんだね。

そうだね。
ROEやROAについて
過去や同業他社と比較するだけでも、
会社の収益性を判断することはできるね。

そのつぎのステップとして、
なぜROEやROAが改善・悪化しているのか、
なぜ他社と比較してよいのか、悪いのかまで調べることで、
その会社をより深く分析することができるんだ。

どうやったらそんなことを分析できるの？

ROEやROAの変化原因を調べるために
売上高利益率と回転率に分解する手法があるんだ。

 回転率？　分解ってどういうこと？

回転率（かいてんりつ）は、
売上高を自己資本や総資産で割ったものなんだ。

$$自己資本回転率 ＝ 売上高 ÷ 自己資本$$

$$総資産回転率 ＝ 売上高 ÷ 総資産$$

ROEは利益を自己資本で割ったもので、
ROAは利益を総資産で割ったものだから、
ROEやROAは売上高を介在させることで
つぎのように分解できるね。

$$ROE = \frac{利益}{自己資本} = \underset{\uparrow}{\frac{利益}{売上高}} \times \underset{\uparrow}{\frac{売上高}{自己資本}}$$
$$\underset{売上高利益率}{} \quad \underset{回転率}{}$$

$$ROA = \frac{利益}{総資産} = \underset{\uparrow}{\frac{利益}{売上高}} \times \underset{\uparrow}{\frac{売上高}{総資産}}$$
$$\underset{売上高利益率}{} \quad \underset{回転率}{}$$

利益を売上高で割ったものが売上高利益率で
売上高を自己資本や総資産で割ったものが回転率だから

ROE ＝ 売上高利益率 × 自己資本回転率

ROA＝売上高利益率 × 総資産回転率

ということになるね。

つまり、ROEやROAに変化があった場合、
売上高利益率と回転率の変化が原因になっている
ってことなんだ。

 分解できることはわかったけど、
回転率って何か回転するの？

回転率は、**会社が資産をどれだけ効率的に
使っているか**を示すものなんだ。

そこで、つぎにこの回転率について説明しよう。

●「回転率」は　お金を効率的に使えているかを示す指標

会社が集めたお金は、
工場や建物、研究開発、給料、製品などに姿を変えて、
商品やサービスが販売されて、
売上債権が回収されることで、お金として戻ってくるよね。

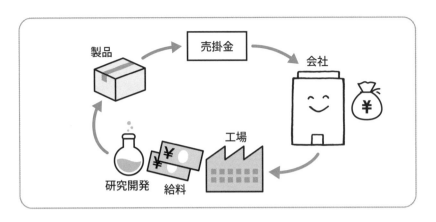

回転率は、**ある一定期間にこの回転を何回繰り返したか、**
つまり、会社がお金を投下した資産が
売上高として何回会社に返ってきたかを示すものなんだ。

 何回返ってきたかということは、
回転率って回数のことなの？

そうなんだ。
具体的な例で考えてみよう。

会社が集めたお金が1,000千円で、１年間の売上が2,000千円の場合、
投下したお金が売上として戻ってくるという回転を
２回繰り返したと考えることができるね。

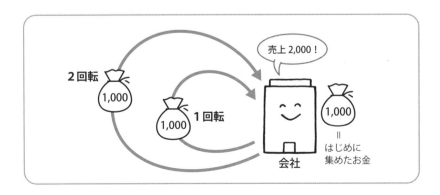

回転の回数が多いほど、多くの売上を生み出して
そこから利益を得ることができるのだから、
会社はお金を効率的に使っているといえるね。

回転率は、**投下したお金から**
その何倍の売上を生み出しているかを示すものってことだね。

回転率は、投下したお金からその何倍の売上を
生み出しているかを示すものであり、回転率が大きいほど
会社はお金を効率的に使っているといえる。

● 回転率を細分化して分析すれば
問題を特定できる

ROEやROAを分解して
その変化の原因が回転率にあることがわかった場合、
回転率の増減が何によってもたらされているか
まで調べることが有効なんだ。

回転率の増減の原因なんてわかるの？

総資産は、売掛金や商品、建物などの資産の集まりだよね。

だから総資産回転率や自己資本回転率は、
それぞれの科目ごとの回転率の組み合わせといえるんだ。

つまり総資産回転率が変化した場合、
商品の回転率や売上債権の回転率などが変化したことが
原因になっているはずなんだ。

回転率を細分化して分析することで、
どの資産の回転率に問題があるかがわかるんだよ。

 POINT 回転率を各資産の回転率に細分化することで、
どの資産の回転率に問題があるかがわかる。

つぎに、主要な資産の回転率について考えてみよう。
まずは棚卸資産の回転率だね。

棚卸資産は、
お金が棚卸資産に姿を変えて、
その棚卸資産が売れることでお金になって、
そのお金でまた棚卸資産を製造・購入する、
というふうに回転しているよね。

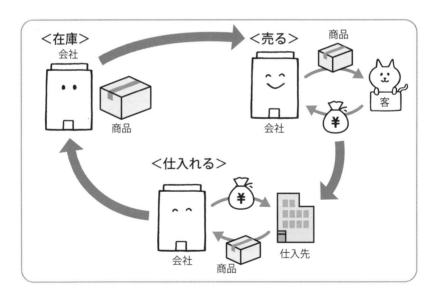

1年間の売上高が10,000千円（1,000万円）で
期末に棚卸資産が2,000千円残っている
A社を考えてみよう。

棚卸資産の期中の平均残高も2,000千円だったとすると、
Ａ社は、棚卸資産を仕入れて売るという回転を
５回繰り返したから売上高が10,000千円になった、
と考えることができるね。

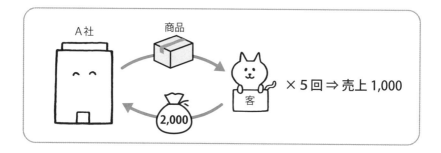

貸借対照表の棚卸資産の金額は仕入れたときの値段だから
正確には５回繰り返したとはいえないけど、便宜的に
Ａ社の棚卸資産回転率は、10,000÷2,000＝５回転と考えるんだ。

棚卸資産回転率 ＝ 売上高 ÷ 棚卸資産（平均）

 回転率は大きいほどいいの？

そうだね。
お金が棚卸資産になって
その棚卸資産が売れてまたお金になる、
という回転が速いほど、お金を効率よく使って
売上を生み出しているってことだからね。

また、売上債権も、
回収することでお金になって、
そのお金を使って商品を購入したり製品を作ったりして、
その商品を販売してまた売上債権を得る、
というように回転しているね。

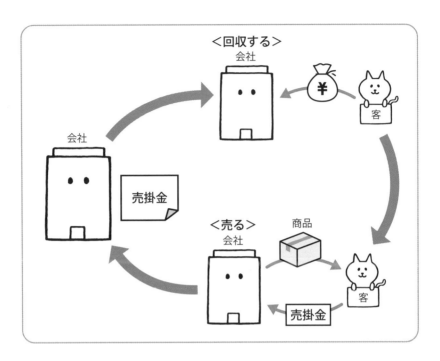

<＜回収する＞
会社

会社

売掛金

＜売る＞
会社

商品

客

売掛金>

１年間の売上高が12,000千円（1,200万円）で
売上債権の期中の平均残高が3,000千円のＢ社を考えてみよう。

3,000千円の売上によって3,000千円の売上債権が発生して、
その売上債権を回収して3,000千円のお金が増加したという回転を
４回繰り返した、と考えることができるね。

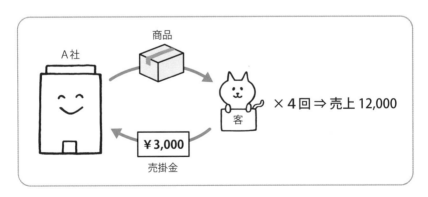

A社 商品 客 ×４回 ⇒ 売上 12,000
¥3,000 売掛金

$$\text{売上債権回転率} = \text{売上高} \div \text{売上債権（平均）}$$

 売上債権回転率も、回数が大きいほど
効率よくお金を増やしているってことなんだね。

● 「回転期間」は期間が短いほど 効率的にお金を使っているということ

回転率に似た言葉として、
回転期間（かいてんきかん）というのもあるんだ。

 回転期間？
回転する期間ってこと？

回転期間は、
回転率の逆数、つまり資産を売上高で割ることで
その資産が一回転するのにどれだけの期間がかかったか
を示すものなんだ。

$$\text{回転期間} = \text{資産} \div \text{売上高}$$

今のB社の例でいえば、
売上債権3,000÷売上高12,000＝0.25だから、
売上債権がお金として戻ってくるまでに0.25年、
つまり3カ月かかっている、というように計算できるんだ。

回転期間は、期間が短いほど
会社はお金を効率的に使っているってことだね。

そうか。
早くお金として戻ってくれば、
それだけ効率的ってことだものね。

POINT 回転率は回数が多いほど、回転期間は期間が短いほど、
その会社の資産効率は高い。

決算書を見る際には、
売上や利益が伸びているかだけでなく、
回転率が悪化していないかも見る必要があるんだ。

売上や利益が伸びていても
それ以上に在庫や売掛金が増えて回転率が悪化していたら、
棚卸資産の製造や仕入に投じたお金が回収できていない、
売上は増えてもお金が回収できていない、
ということだから、会社のお金は減ってしまうんだよ。

売上や利益だけでなく
回転率も見ないといけないんだね。

●「固定資産の回転率」を見れば 投資額が適正かがわかる

建物や工場などの固定資産についても、
同じような考え方で回転率や回転期間を計算するんだ。

固定資産回転率 ＝ 売上高 ÷ 固定資産
固定資産回転期間 ＝ 固定資産 ÷ 売上高

でも建物や工場と売上って、
あまり関係なさそうな気もするけど。

たしかに建物や工場はお金として戻ってくるわけではないけど、
考え方は同じなんだ。

建物や工場などの回転率は、
一定の売上を得るのにどれくらいの資産を用いているか、
別のいい方をすれば、**投資額は適正かどうか**を示しているんだ。

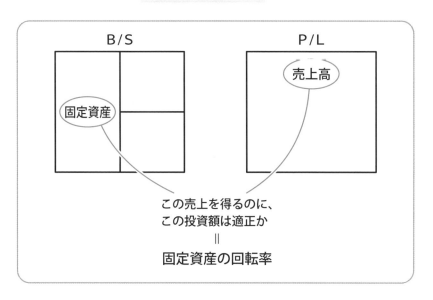

売上を得るために必要な投資額が少ないほど、
資産を効率よく使っているといえるよね。

だから棚卸資産や売上債権と同じように、
固定資産も回転率は大きいほど、
回転期間は短いほど、
資産効率がいいといえるんだ。

■「資産規模」だけで判断しない

回転率はROE（▶P218）やROA（▶P222）
の構成要素だから、回転率が向上すれば
ROEやROAも改善して収益性も高まるんだ。

 回転率を向上させるにはどうすればいいの？

**在庫や売上債権の状態で放置されている期間を
なるべく短縮したり、無駄な投資を抑制したりする**
ことが有効だね。

在庫はなるべく早く販売し、
売上債権はなるべく早く回収し、無駄な投資を減らして、
お金をつぎの投資に使うことで、
会社は新たな価値を生み出すことができるんだよ。

業績のいい会社は、
需要の予測を適切に行なったり、
注文があってからすぐに商品を仕入れる体制を整えたり
することで、在庫の状態で放置される期間を
できるだけ短縮しているんだ。

また売上債権についても、
取引先の信用力を十分に調査したり、
回収を適切に行なったりすることで、
売上債権回転期間を縮めているんだ。

回転率は、売上高を資産で割ったものだから、

同じ売上高であれば資産が少ないほど回転率はよくなる
ってことだね。

でも、資産をたくさん持ってるほうが
会社の規模も大きそうだし、
いいことのような気もするけど。

たしかに、資産規模が大きくなることで
大規模な投資をしたりリスクを分散したりできる
というメリットもあるから、
資産が多いことにも意味はあるんだ。

重要なのは、資産規模だけで判断するのではなく、
資産規模に見合った売上や利益を上げているかどうか
を見る必要があるってことだね。

回転率やROE、ROAなどの指標を見ることで、
資産規模と売上や利益の関係も見るべきなんだ。

そうか、資産規模だけ見ても
いい会社かどうかはわからないんだね。

会社は、**利益を生み出さない資産は持つべきではない**んだ。

利益を生み出さない資産があると回転率が悪化して、
それによってROEやROAなどの収益性が悪化してしまうからね。

また、会社はお金も
必要以上にたくさん持たないほうがいいんだよ。

資産は少ないほうがいいっていうのは
何となくわかったけど、
お金はたくさんあったほうがいいんじゃないの?

会社は、債権者や株主からお金を集めているのだから、
そのお金を増やす責任があるんだ。

でもお金は、預金しても利息はほとんどつかないし、
持っているだけでは価値を生み出さないよね。

会社は、お金を事業に使うことで増やすのだから、
事業に使わないお金は、いざというときのための分を除いて
あまりたくさん持っているべきではないんだ。

 それじゃあ、
どれくらいのお金を持っていれば
ちょうどいいの?

業種によって異なるから一概にはいえないね。
これも、純資産や総資産に対する現金預金の割合を計算して、
業界平均やライバル会社と比較してみることが有効なんだ。

 POINT 会社は、債権者や株主から調達したお金を増やす責任があるため、
余分な資産やお金は必要以上に持っているべきではない。

● 売上が増えているのに 利益が減っているのは要注意

収益性を見る際には
売上と利益の増減関係にも注意が必要なんだ。

たとえば、売上が増えて利益が減っているような会社は、
売上が減って利益が減っているよりも
もっと状況が悪いかもしれないんだ。

 利益が減っても売上が増えていれば
まだましなんじゃないの?

売上と利益が両方とも減っていれば、
それはたとえば景気が悪くなったなどの理由で
会社の活動自体が停滞している可能性が高いよね。

でも売上が増えているのに利益が減っているということは、
採算を無視して無理やり売上を増やしているとか、
商品の利益率が大幅に悪化している、
といったことも考えられるんだ。

そのような会社は、たとえ景気がよくなっても、
将来復活できないようなダメージを受けている可能性が
あるんだよ。

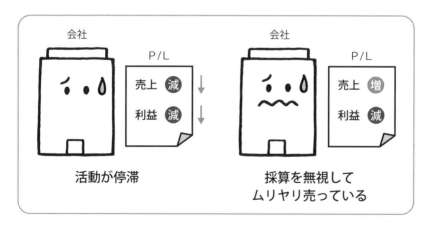

ただし、シェア拡大のために
戦略的に価格を下げることもあるから、
会社がどのような戦略を持っているかも
確認する必要があるね。

■「キャッシュフローマージン」にも 注目する

前に説明したように、
利益の分だけ当期にお金が増えるわけではないから、
収益性分析の際にキャッシュフローもあわせて見ることで
その会社の実態をより正確に把握することができるんだ。

 キャッシュフローをあわせて見るって
どういうこと？

キャッシュフロー計算書の営業CFは
損益計算書の営業利益に相当するものだったね。

だから、この章で説明した利益を用いる分析手法で
利益の代わりに営業CFを用いるんだ。

たとえば、売上高利益率の利益の代わりに
営業CFを使うことで、
キャッシュフローマージンを計算できるんだ。

つまり営業CFを売上高で割るってことだね。

> キャッシュフローマージン ＝ 営業CF ÷ 売上高

キャッシュフローマージンは、

売上のうち実際にどれだけお金の増加に結びついたか

を示すもので、キャッシュフローを用いた分析手法のうち
もっとも重要なものといえるね。

そうか、利益の分だけ
お金が増えているとは限らないから、
実際にどれだけお金が増えたかも
見るってことなんだね。

POINT キャッシュフローマージンは、売上のうち
どれだけお金の増加に結び付いたかを示すものである。

● 将来性を見抜くためには
収益性分析だけでは不十分

いろいろな指標が出てきたね。
でもこれらを見れば
どの会社が将来儲かるかがわかるんだね。

必ずしもそうとは限らないんだ。

今まで説明した指標は
あくまで**過去の情報をもとにした結果に過ぎない**から、
現在収益性の高い会社が、将来にわたってもずっと同じような
収益性を維持できるとは限らないんだよ。

それじゃあ、収益性を分析しても
会社の将来のことはわからないってこと？

過去から現在までの傾向を見ることで、
会社のコスト構造を把握したり、

利益を生み出す能力や社内の体制が整っているかを
判断できるから、将来の予測に役立たないわけではないよ。

会社の将来を予測するには、
決算書から得られる収益性の指標だけを見るのではなくて、
会社の戦略や事業遂行能力、経営環境など、
ほかの情報も組み合わせて判断する必要がある
ってことだね。

第 **6** 章

会社が倒産せずに
借金を返せるか
──「安全性分析」の基本

決算書からは、会社の安全性、つまり会社が倒産
せずに利息や元本を返済できるか、会社がどの程
度危険な状態にあるのか、を読み取ることができ
ます

●「安全性」とは倒産せずに 利息や借金を返せるかどうか

つぎに、**安全性**（あんぜんせい）を分析する方法を説明しよう。

安全性は、
会社が倒産せずに利息や借金を返せるかどうか
ってことなんだ。

 POINT 安全性とは、会社が倒産せずに利息や元本を返済できるか どうかを意味する。

 利息や借金を返せるかってことは、
会社にお金を貸している人が気にする問題なんだね。

たしかに、会社にお金を貸している人や会社
つまり**債権者**（さいけんしゃ）は、
会社がちゃんとお金を返してくれるかが一番の関心事だね。

だから、債権者がお金を貸す際には、
まず貸す相手の安全性をチェックするんだ。

また、会社に商品を売っている人や会社も、
通常は商品を売る際に現金でお金を受け取らずに
売掛金として計上して将来お金を受け取るよね。

こうした取引先なども、
相手の会社が代金をちゃんと払えるかには
重大な関心があるんだ。

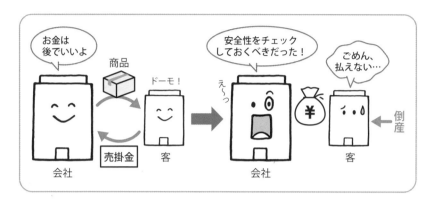

だから、会社にお金を貸すときだけでなく、
会社と取引する際にも、その会社の安全性をチェックする
必要があるんだよ。

もちろん、会社の株式を買う人や、会社に就職する人も、
その会社が倒産してしまったら困るから、
安全性は会社に関わるすべての人にとって重要だね。

● 安全性はおもに「貸借対照表の数値」から判断できる

 でも、会社が倒産しないかとか、
ちゃんと借金を返せるかなんて
どうすればわかるの？

安全性は、おもに貸借対照表の数値から判断できるんだ。

貸借対照表は、
左側（借方）にある資産が**将来のお金の増加**、
右側（貸方）にある負債が**将来のお金の減少**を示すのだったね。

また、資産は流動資産、固定資産、繰延資産に、
負債は流動負債、固定負債に分かれていて、
これらの区分によって**お金の増減のタイミング**を
つかむことができるのだったね。

この情報をもとに、**会社がお金を支払うときに
手元にそれ以上のお金を用意できるか**を判断するんだ。

 どうすればお金を用意できるかがわかるの？

たとえば流動資産は1年以内にお金が増える資産、
流動負債は1年以内にお金が減る負債だから、
流動負債の金額よりも流動資産が十分にたくさんあれば
お金を用意できそうであることがわかるね。

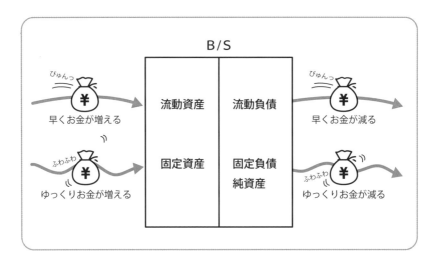

POINT 貸借対照表の区分をもとに、お金の増減のタイミングを
比べることによって、将来のお金の減少時に
それだけのお金を手元に準備できそうかを見る。

つぎに、安全性を測るための具体的な指標について見ていこう。

●「流動比率」から期限の短い借金を 返せるかがわかる

まずわかりやすい例として、
流動比率（りゅうどうひりつ）を説明しよう。

流動比率は、さっきも例として説明したけど、
流動資産と流動負債の金額を比較することで
期限の短い借金をちゃんと返せるかどうかを示すものなんだ。

流動比率を見ると
借金が返せるかがわかるんだね。

たとえば流動資産が4,000千円（400万円）、
流動負債が2,000千円の会社の例で考えてみよう。

流動資産は、おもに将来1年以内に
お金の増加をもたらすものだったね。

ということは、この会社は、
1年以内に4,000千円のお金の増加があるってことだね。

そうだね。

同様に流動負債が2,000千円あるから、
1年以内に2,000千円のお金の減少があるってことだね。

会社が1年間のいつの時点で2,000千円のお金を支払うかは
外部からはわからないけど、
同じようなタイミングで増えるお金が4,000千円あれば
2,000千円の支払に必要なお金が不足することは考えにくいよね。

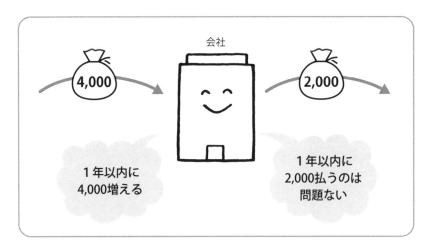

このように**流動資産が流動負債よりも
どれだけたくさんあるか**を示すのが流動比率なんだ。

計算式でいうと、

流動比率 ＝ 流動資産 ÷ 流動負債

となるね。

流動負債よりもたくさん流動資産があれば、
お金が足りなくなる可能性は低いってことなんだね。
でも、どれくらいたくさんあれば安心なの？

一般的には、流動資産が流動負債の倍、
つまり流動比率が200%以上なら安全といわれているね。

**流動比率は、流動資産が流動負債よりも
どれだけたくさんあるかを示すものである。
流動比率の目安は200%以上とされている。**

ということは、流動比率が200%以上なら
倒産する心配はないってことだね。

必ずしもそうとはいい切れないんだ。

流動資産のなかには、明日会社にお金が入ってくる資産と、
11カ月後にお金が入ってくる資産があるよね。

同じように流動負債には、
明日にでも支払わないといけない負債と、
11カ月後に支払えばいい負債があるよね。

そうすると、流動資産が流動負債を十分上回っていても、
流動負債の支払が迫っていて流動資産の入金があとの場合、
資金繰りのタイミングは合わなくなってしまうね。

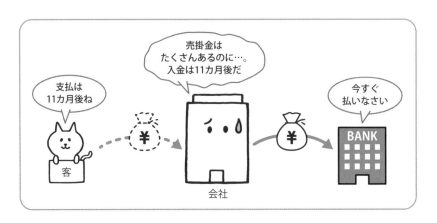

一般的には、流動資産と流動負債のタイミングが
大きくズレることは考えにくいけど、
比率の計算結果だけで絶対安全とはいえないってことだね。

 流動比率が200%以上であっても、絶対に安全とは限らない。

逆に流動比率が100%を割ったからといって、
必ずしも危険とはいい切れないんだ。

たとえば電力会社やガス会社などは、
固定資産が多くて流動資産が少ないから、
流動比率が100%以下になることもあるんだ。

でもこのような会社は、売上債権などの回収期間が短くて
資金繰りに問題が生じにくいから、
安全性に問題はないと考えられるんだよ。

●「流動比率」「当座比率」は 資産内容が健全かもチェックする

流動比率と同じ考え方を利用した指標として
当座比率（とうざひりつ）があるから、あわせて説明しておこう。

流動比率は、
1年以内のお金の増加と
1年以内のお金の減少を
比較して安全性を見るものだったね。

でも、流動資産には棚卸資産も含まれているよね。

棚卸資産は、必ずしも1年以内に売れて
お金になるとは限らないんだ。

そうか。
商品の人気がなくて
1年以内に売れないかもしれないものね。

ということは、流動資産の全部が
1年以内にお金になるわけじゃないんだね。

そうなんだ。

そこで、**棚卸資産以外の流動資産と流動負債の比率**を
用いることで、より確実に安全性を測ろうとするのが、
当座比率なんだ。

棚卸資産以外の流動資産を**当座資産**といって、
当座比率は、当座資産が流動負債よりも
どれだけたくさんあるかを示すものなんだ。

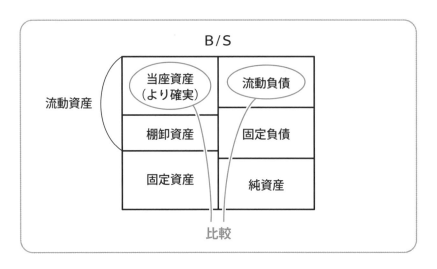

当座比率を計算式で示すと、つぎのようになるね。

$$当座比率 ＝ （流動資産－棚卸資産）÷ 流動負債$$

当座比率は、150%以上が一応の目安とされるけど、
当座比率も流動比率と同じように
150%以上であっても絶対安全とはいえないね。

だから、流動比率や当座比率を見る際には、
できる限り資産内容をチェックするべきなんだ。

 でも会社の外の人が、その会社の資産内容を
チェックすることなんてできるの？

くわしくチェックすることはできないけど、
たとえば売上債権については、
その会社の取引先の景気がよくないのに
貸倒引当金が少ししか計上されていない場合や、
同業他社の貸倒引当金の引当率よりも
その会社の引当率が極端に小さい場合などは、

十分に貸倒引当金が計上されていない疑いがあるよね。

また、その会社の在庫が急に増えている場合や、
期待されていた新商品が予想に反してあまり売れなかった場合
なども、注意が必要だね。

そうしたことも考慮したうえで
流動比率や当座比率を見るのが望ましいんだ。

 POINT 流動比率や当座比率を見る際には、
資産内容が健全かどうかもチェックする。

● 「固定比率」から長期の資金で 固定資産を買えているかがわかる

流動比率や当座比率と同じように、
貸借対照表の左と右を比較して会社の安全性を測る指標として
固定比率（こていひりつ）があるんだ。

固定資産は、投資したお金が実際に会社に戻ってくるまで
長い時間がかかる資産のことだったね。

固定比率は、
固定資産が返済にゆとりのある長期の資金で
取得されているかを見ることで、
会社の安全性を測るものなんだ。

 どうしてそれで、会社が倒産しないかがわかるの？

たとえば、工場を建てるためのお金を
銀行から期限１年で借りることを考えてみよう。

借りたお金は１年で返さないといけないのに、
工場を使うことによって生み出されるお金は
毎年少しずつ長い期間にわたって回収されるよね。

そうすると、会社が借金を返すときに
手元にまだそれだけのお金がないってことだから、
会社はお金を返せなくなってしまうね。

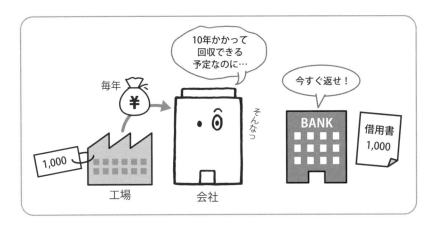

逆に、固定資産を取得するための資金が
新株の発行によって調達されている場合を考えてみよう。

 新株の発行ってことは
株主資本のことだね。

そうだね。

固定資産から回収できるお金に時間がかかっても、
株主資本は返済する必要はないから、
この場合は資金繰りが行き詰まる可能性は低いよね。

そうか、固定資産を買うためのお金が
株主資本で調達されていれば、
安全ってことなんだね。

そうだね。
この固定資産と株主資本の関係を示すのが、
固定比率なんだ。

固定比率 ＝ 固定資産 ÷ 株主資本

固定資産から将来お金が生み出されるタイミングと
購入のために調達したお金を返すタイミングに
無理がないかを把握するってことだね。

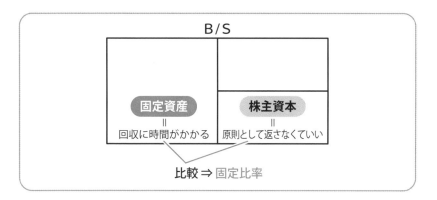

流動比率は貸借対照表の上のほうの左と右を比較したけど、
固定比率は下のほうの左と右を比較するんだね。

そうだね。

固定比率は、回収に時間のかかる固定資産よりも
返済にゆとりのある株主資本がどれだけ大きいか、
を示しているといえるね。

固定比率は、固定資産が小さいほど、
また株主資本が大きいほど安全ってことだから、
数値が小さいほど望ましいんだ。

業種にもよるけど、100%を下回っていれば、
固定資産のすべてが株主資本でまかなえているってことだから理想的、
150%以下なら健全といえるね。

 POINT 固定比率は、固定資産が
長期の資金でまかなわれているかを示す指標である。

また、固定比率と同じ考え方に基づいた比率として、
固定長期適合率（こていちょうきてきごうりつ）があるんだ。

これは、固定資産を取得するための長期の資金として、
株主資本だけでなく、長期借入金や社債など
返済までの期間が長い固定負債も加えて考えるものなんだ。

> **固定長期適合率 ＝ 固定資産 ÷（固定負債＋株主資本）**

 長期借入金や社債は返すまでの期間が長いから
そのお金で工場なんかを建てても大丈夫、
ってことなんだね。

そうだね。

固定長期適合率も固定比率と同じで、
比率が小さいほど固定資産取得のためのお金が
安定した手段で調達されているということだから、
安全性は高いといえるね。

逆に固定長期適合率が100%を超えてくると、
固定資産取得のためのお金の一部が
返済までの期間が短いお金でまかなわれているってことだから、
危険な状態である可能性が高いといえるんだ。

■「自己資本比率」は大きいほどいい わけではない

つぎに、**自己資本比率**（じこしほんひりつ）について説明しよう。

自己資本比率は、
総資産（総資本）に占める自己資本の割合のことなんだ。

自己資本は、純資産の部にある
株主資本と評価・換算差額等の合計のことだったね。

自己資本比率 ＝ 自己資本 ÷ 総資産

負債は、いつかは債権者に返さないといけないけど、
自己資本は株主のものだから、返済期日はないよね。

だから別の言い方をすれば、自己資本比率は、
会社が調達したお金のうち返済義務がない部分の割合
を示すともいえるね。

 返済義務がない部分の割合ってことは、
自己資本比率は大きいほどいいんだね。

安全性の観点からはそうだね。

ただし収益性の観点からは、

自己資本比率が低いほうがいいこともあるんだ。

えっ、どういうこと？
自己資本比率が低いと、
倒産の危険が高くなるんじゃないの？

安全性の観点からはそうなのだけど、
収益性の観点からすれば、
自己資本が多いとROEが低下してしまうんだ。

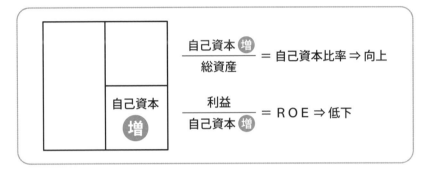

このように、**安全性と収益性は、両立しないことが多い**んだ。

また安全性の観点からは、お金をたくさん持っていれば
借金を返せなくなる心配が少ないけど、
逆にお金をたくさん持っていると
総資産が増えて利益率が低下して、収益性は悪化するよね。

ほかにも、固定資産が増えると
固定比率や固定長期適合率が悪化して安全性は低下するけど、
将来の成長のためには固定資産への投資は必要だね。

安全性と収益性って、
一方がよくなるとほかが悪くなってしまうんだね。

すべてがそうとは限らないけど、
安全性と収益性は必ずしも両立しない
という点を理解しておく必要があるね。

安全性と収益性は、両立しないことが多い。

●「D/Eレシオ」は
有利子負債の大きさの適正度を示すもの

自己資本比率と同じく自己資本と負債の関係を示す指標として、
D/E（デットエクイティ）**レシオ**（Debt Equity Ratio）
があるんだ。

デットは有利子負債、エクイティは自己資本、レシオは比率
のことだから、有利子負債と自己資本の関係を示すものだね。

> **D/Eレシオ ＝ 有利子負債 ÷ 自己資本**

自己資本比率は、
総資産に占める自己資本の大きさを計算することで、
自己資本の充実度を示すものだね。

これに対してD/Eレシオは、
有利子負債と自己資本の比率を計算することで、
有利子負債の大きさの適正度を示すものなんだ。

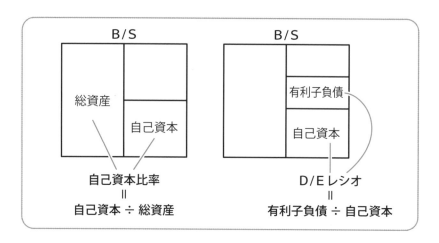

D/Eレシオが1倍以下、つまり
有利子負債よりも自己資本が大きければ、
財務は安定しているといえるね。

POINT D/Eレシオは、有利子負債の大きさの適正度を示し、
1倍以下であれば財務安定性が高い。

あれ、D/Eレシオって
有利子負債（ゆうりしふさい）を自己資本で割っているけど
有利子負債と負債って違うの？

負債は、
借入金のように利息の支払義務のある有利子負債と、
仕入債務や引当金のように利息を支払わない負債に
分けられるんだ。

有利子負債と他の負債とでは、
会社にとっての意味は大きく異なるんだよ。

つぎのA社とB社を見てみよう。

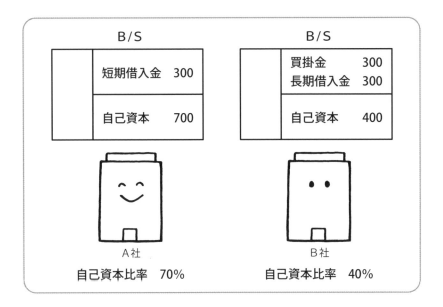

Ａ社はＢ社より自己資本が多くて、
Ｂ社は買掛金や長期借入金が
たくさんあるね。

買掛金も長期借入金も
会社のお金が将来減るってことだから、
Ｂ社のほうがＡ社よりもよくないってことだね。

必ずしもそうではないんだ。

負債のなかでも支払手形や買掛金などの仕入債務は、
会社に信用力があって
仕入先が支払を待ってくれているってことだから、
会社の資金繰りに余裕をもたらしてくれる効果があるんだよ。

仕入債務は負債だからよくないものみたいだけど、
安全性の観点からマイナスというわけではないんだ。

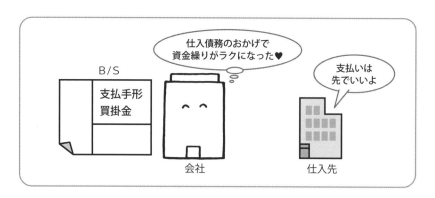

 POINT 支払手形や買掛金は、会社の資金繰りに余裕をもたらす。

 負債が多いと安全性が高まるなんて
変な感じだね。

逆に**受取手形や売掛金などの売上債権が増えすぎると、
安全性は悪化してしまう**んだ。

売上債権が増えすぎるということは、
売った代金が回収できずに
残っているってことだからね。

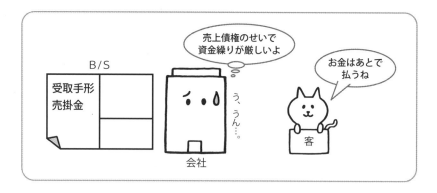

ふーん、
資産がよくて負債が悪いとは限らないんだね。
でも長期借入金は借金だから、
これは少ないほうがいいんだよね？

そうとは限らないんだ。

長期借入金がたくさんあっても、
たとえば利率が低くて返済期限の長い借入金であれば、
会社にとって大きな負担になるとはいえないよね。

逆にすべてを株主資本に頼っていたら、
迅速な事業展開ができなくなってしまうんだ。

どうして株主資本だけだと
迅速な事業展開ができないの？

株主資本でお金を調達するには、
新株を発行して株主に引き受けてもらうか、
会社が自分で利益を増やすしかないよね。

でも、新株の発行は株価が低いときにはやりづらいし、
会社が自分で利益を増やすのは時間がかかるね。

借入の場合は、会社の財政状態が健全で信用力があれば、
新株発行よりも容易に金融機関などから調達できるんだ。

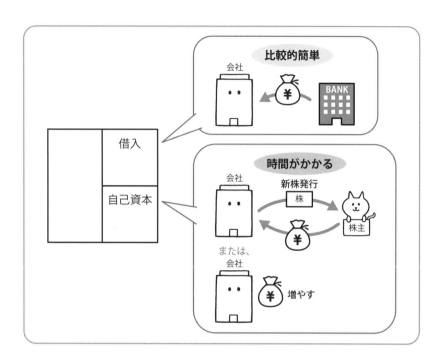

長期の借入ができるってことは、
会社の信用力が高いってことだから、
長期借入金の存在は決してマイナスではないんだよ。

 そうか、
長期借入金があるのは悪いことではないんだね。

よく、あの会社は無借金経営だからいい会社だって
いわれることがあるよね。

でも、無借金経営だからいいといえるのは、
競争が少ない業種や成熟産業、
あるいは独占企業などの場合に限られるんだ。

無借金経営にこだわっていると、迅速にお金を調達できずに
成長が遅れて競争に負けてしまうリスクが高いからね。

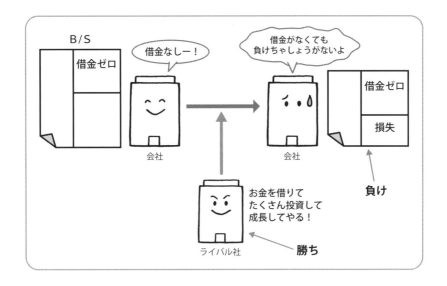

 競争に勝つためにはスピードは大事だものね。

また、利息は税務上損金になるけど、
配当は損金にはならないという点も、
借入のほうが自己資本よりも望ましい理由のひとつだね。

支払利息は、
原則として税務上も損金として認められるから、
支払利息があれば課税所得が少なくなって
税金が安くなるんだ。

これに対して配当は、
株主のものである資本の一部を株主に返すものだから、
税務上は損金にはならないんだ。

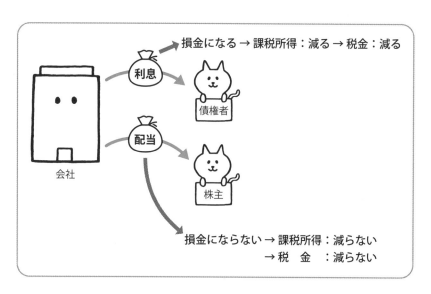

また、株主資本が大きいということは、
株主に対して十分な配当をしてこなかったともいえるよね。

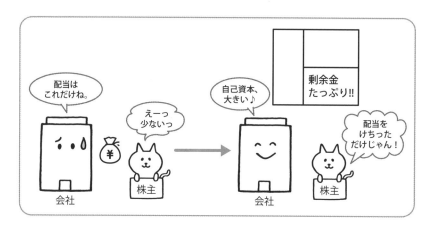

だから、必ずしも
負債が少なくて自己資本が大きければいいってわけではないんだよ。

 負債が少なくて自己資本が多ければいいとは限らない。

●「インタレスト・カバレッジ・レシオ」から 危険度がわかる

つぎに、損益計算書から安全性を測る指標について説明しよう。

損益計算書で、安全性の観点からもっとも重要なのは
支払利息なんだ。

 利息は少ないほうがいいんだよね。

さっき説明したように、
配当よりも利息のほうが税務上は有利だから、
支払利息も合理的な範囲内であれば
むしろ健全であるといえるんだ。

負債が少なければいいわけではないのと同じだね。

 合理的な範囲ってどれくらいなの？

たとえば、会社が支払う利息が
会社が生み出す利益よりも十分に小さければ、
会社は利益から得られるお金で利息を支払うことができるよね。

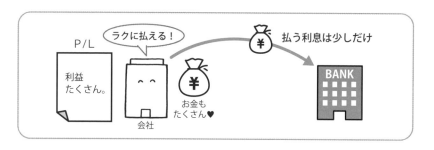

逆に、会社が支払う利息が利益の大半を占めていたり、
利益よりも多くの利息を支払っているような場合は、
その会社は相当危険な状態だといえるね。

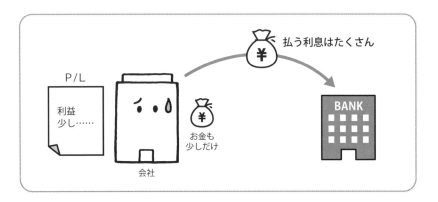

この、利益と支払利息の関係を示す指標が、
インタレスト・カバレッジ・レシオ
（Interest Coverage Ratio）なんだ。

 インタレスト……？
難しそうな名前だね。

インタレストは支払利息のことだね。
利息が、どれだけ利益でカバーされているかの比率を示す
ものだから、インタレスト・カバレッジ・レシオというんだ。

計算式で示すと、つぎのようになるんだ。

インタレスト・カバレッジ・レシオ ＝ EBIT ÷ 支払利息

 利益としてEBITを使ってるんだね。 ▶ P161

そうだね。
EBITは、利息を支払う前の利益だからね。

インタレスト・カバレッジ・レシオが1を下回る場合、
つまりEBITよりも支払利息が大きい場合は、
会社は自分で増やした利益で利息を支払えていない
ってことなんだ。

インタレスト・カバレッジ・レシオが
いくつ以上なら絶対安全ということはないけど、
少なくとも1に近い、または1を下回るような場合は
その会社は危険な状態にあるといえるね。

利息の支払がどれだけ利益でカバーされているかを示す指標
がインタレスト・カバレッジ・レシオである。
インタレスト・カバレッジ・レシオが1に近い会社は
危険な状態にあるといえる。

● 短期借入金が増えると何が危険なの？

さっき説明したように、長期借入金については
安全性の観点からとくに問題にはならないのだったね。

でも短期借入金、つまり返済期限が1年以内の借入金は、
十分注意する必要があるんだ。

返済期限まで1年以内ってことは、
会社はそれまでにお金を用意しないといけないから
大変なんだね。

そうだね。
過去の決算書と比較して
急に短期借入金が増えている会社は、
とくに注意が必要なんだ。

会社に信用力があれば、
銀行は安心して長期の貸付をするよね。

短期借入金が急増するということは、
銀行がその会社は危ないと考えていて、
長期ではなく短期の貸付しか認めていない
可能性もあるんだ。

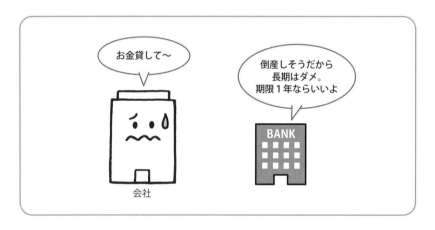

また、短期借入金が急増しているような会社は、
利息の支払のためのお金を短期借入金で調達している
ようなところもあるんだ。

 えっ、利息を払うために借金するの?

そのような会社は相当危険な状態にあるといえるね。

インタレスト・カバレッジ・レシオが低くて
短期借入金が増えているような会社は、
利息支払のために借入をしている可能性が高いから
要注意だね。

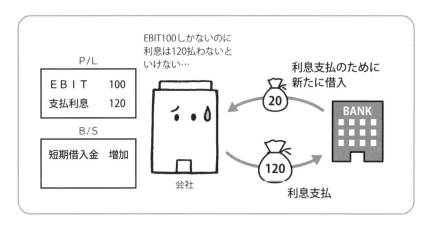

POINT　短期借入金が急増している会社は要注意。

● キャッシュフロー計算書を用いた 安全性分析

最後に、キャッシュフロー計算書を用いた
安全性の分析方法について簡単に説明しておこう。

とくに注目すべきなのは、
営業CFと投資CFの大小関係と
財務CFの中身なんだ。

営業CFのプラスが投資CFのマイナスよりも十分に大きい場合は、
安全性の問題は少ないといえるね。

営業CFで増えたお金のほうが
投資に使うお金よりも多いってことだものね。

お金が余ってるってことだから、
そういう会社は安全なんだね。

そうだね。

ただし、営業CFのプラスが
投資CFのマイナスより大きい場合であっても、
過去の傾向から見て投資が抑制されていて
財務CFのほとんどが借金の返済である会社は、
安全性に問題がある可能性があるね。

借金返済のために、投資を抑制しているってことだからね。

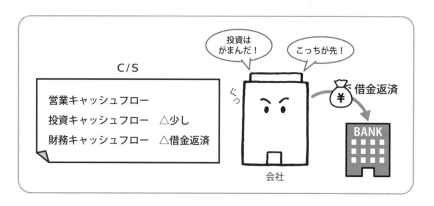

逆に、仮に営業CFのプラスを上回る
投資CFのマイナスがあっても、
不足するお金を自己資本や長期借入で調達できていれば
問題にはなりにくいんだ。

それに対して、
不足するお金を短期借入金で調達している場合は、

さっき説明したように安全性の観点からは問題があるね。

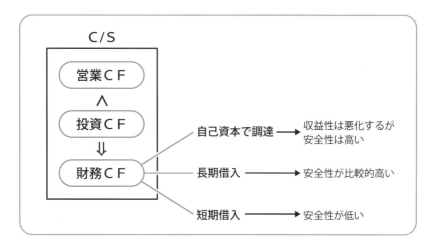

また、投資CFがプラスで
財務CFで借金が返済されている場合は、
固定資産を切り売りして借金を返しているってことだから
資金繰りが厳しい可能性があるね。

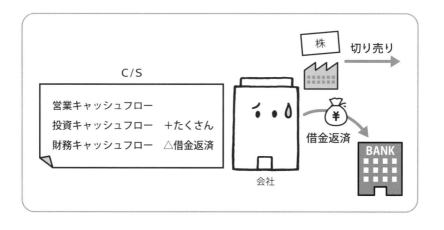

ほかにも、財務CFの内訳に着目して、
短期借入による収入と返済による支出が極端に大きい場合は、
短期借入金の返済に追われているってことがわかるんだ。

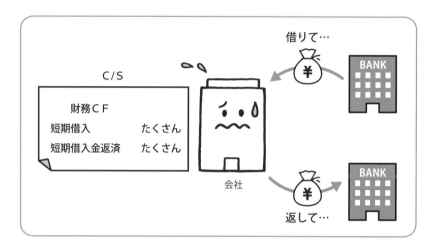

キャッシュフロー計算書からも、
安全性についていろんなことが
わかるんだね。

コラム❷　決算書の限界

決算書を読むのは大変だけど、
あんな数字ばかりと思っていた表から
いろんなことがわかるんだね。

決算書が読めれば、
会社のことは何でもわかると思っていいの？

残念ながらそうではないんだ。

会社に関する情報のなかで、

決算書から読み取れないものも
たくさんあるんだ。

えっ、そうなの？
せっかく決算書を読めるようになっても
会社のことが全部わかるわけではないの？

会計は、会社が支払ったお金や受け取ったお金に基づいて、
そのデータを会社の活動の状況を示すように記録して、
決算書を作成しているのだったね。

だから、お金の増減を伴わないものは、
決算書に計上することができないんだ。

会社が将来成長するかどうかを決めるのは
いろんな要素があるけど、
経営者のビジョンやリーダーシップや人間性、
社員の能力やモチベーション、企業風土や一体感、
今まで会社が蓄積した経験や知識やノウハウなどは
重要なポイントだよね。

でも、そういった要素は、
それを取得するためにお金を支払った場合には
決算書に記載されるけど、そうでない場合、
たとえば従業員が経験を積んで成長していく過程などは
会計でとらえることはできないんだ。

ほかにも、会社のブランドも重要な要素だけど、
決算書には記載されないんだ。

ブランドを決算書に反映させようという動きもあるけど、
お金を払って取得したものしか資産として計上しないのが

会計の基本だから、決算書自体に載せるのは難しいんだよ。

そうか、
重要な情報でも
決算書に載っているとは限らないんだね。

でもそんな重要な情報なら、
決算書に載せたほうがいいんじゃないの？

こうした情報を決算書に含めてしまうと、
お金の動きを伴わない情報が混在してしまって、
かえってわかりにくくなってしまうんだ。

それにこうした定性的な情報は、
どうしても主観的で恣意的になってしまって、
客観的な数値にするのは難しいよね。

たしかに社員のモチベーションとか
数字では表せないものね。

だから、会社のことをより深く知るためには、
決算書の情報を分析したうえで、
実際にその会社が運営している店舗に行ってみたり、
社員の声を聞いてみたり、雰囲気を感じてみたり、
決算説明会などで社長の声を生で聞いてみたり、
といったことも大切になるんだ。

決算書で把握できる情報の限界を理解して、
その上で決算書以外の手段も用いて会社を分析する
必要があるってことだね。

第 **7** 章

決算書と株価の関係

決算書と株価の情報を組み合わせることで、マーケットが決算書に載っている情報のほかに会社の何を評価しているか、現在の会社の株価が割高か割安か、を読み取ることができます

収益性や安全性についてわかったところで、
最後に**株価と決算書の情報を組み合わせて分析する方法**
について簡単に説明しよう。

株価って、株の値段のことだよね。
どうして決算書と株価が関係あるの？

株価には、決算書からは読み取れない
さまざまな情報も反映されているから、
決算書と株価を組み合わせて分析することで
決算書の情報を補うことができるんだ。

●「株価」ってどうやって決まるの？

株価にさまざまな情報が反映されるって
どういうこと？

それに、そもそも株価って
どうやって決まるの？

株価は、その会社の株を買いたいと思う人と
売りたいと思う人の需要と供給が一致するところで決まるんだ。

株式が取引される株式市場にはいろんな人たちが参加していて、
それぞれの参加者は自分が入手した情報に基づいて取引するよね。

だから、将来成長しそうな会社は、
その株式を欲しいと思う人が多くなって
株価も上がるんだ。

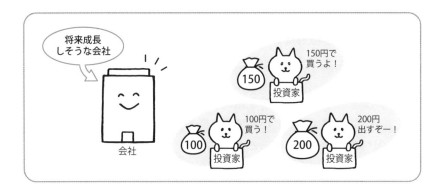

 将来成長しそうな会社の株価が上がるっていうのは
わかる気がする。

また、前の章のコラムで説明したように、
その会社に関する重要な情報のすべてが
決算書に反映されているわけではないのだったね。

決算書には反映されないけど会社にとって重要な情報は、
アナリストやマスコミが調べて公表したりするよね。
そうした情報に関する認識が反映されて
株価が決まっていくんだ。

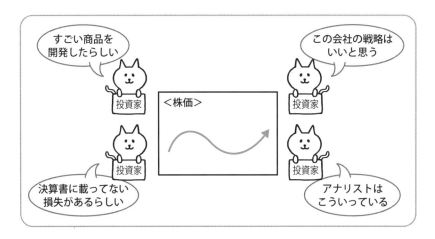

このように株価には、
**決算書からは読み取れないさまざまな情報も
反映されている**と考えられるんだ。

だから、株価と決算書の数値を比較することで、
株式市場が**決算書に載っている情報のほかに
その会社の何を評価しているのか**
を読み取ることができるんだよ。

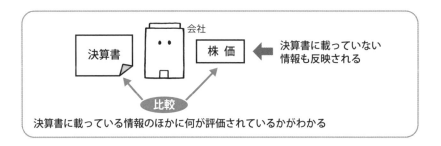

決算書に載っている情報のほかに何が評価されているかがわかる

株価には、決算書からは読み取れないさまざまな情報も
反映されている。
そのため、株価と決算書の数値を比較することで、
マーケットが決算書に載っている情報のほかに
何を評価しているのかを読み取ることができる。

■「株価」ではなく
「株式時価総額」で比較する理由

さっきインターネットを見たら、
Ａ社の株価が1,000円で
Ｂ社の株価が2,000円だったよ。

Ａ社の株価よりもＢ社の株価のほうが高いから、
Ａ社よりＢ社のほうがいい会社なんだね。

必ずしもそうではないんだ。
株価の絶対値を比較しても、意味はないんだよ。

Ａ社の株価よりもＢ社の株価が高いからといって、
Ｂ社のほうがＡ社よりもいいとはいえないんだ。

でもよく
あの会社はライバルの会社よりも株価が低いからダメだ
とかいわれるよね。

そういった議論は間違いで、
本当は**株式時価総額**（かぶしきじかそうがく）を比較しないと
意味はないんだ。

株式時価総額は、株価に発行済株式総数をかけたものなんだ。

発行済株式総数（はっこうずみかぶしきそうすう）は
現在発行されている株式数のことだね。

> 株式時価総額 ＝ 株価 × 発行済株式総数
> 株価 ＝ 株式時価総額 ÷ 発行済株式総数

**株価は、株式時価総額を発行済株式総数で割ったものだから
発行済株式総数次第でどうにでも変わってしまう**んだ。

だから株式時価総額を比較しなければ意味がないんだよ。

でも、株価の高さを比べても意味がないって
何だか変な感じだね。

具体的な数値で考えてみよう。

たとえば、A社の株式時価総額が5,000億円だったとして
発行済株式総数が1億株なら
株価は5,000億円÷1億株＝5,000円/株だよね。

でも同じ時価総額が5,000億円のB社が
発行済株式総数が2億株だったら
株価は5,000億円÷2億株＝2,500円/株になるね。

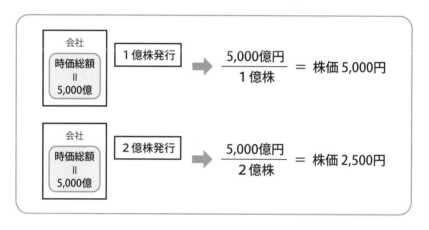

このように、株価は発行済株式総数次第で
どうにでも変わってしまうから、
ライバル会社と株価の大きさを比較しても意味がないんだ。

発行済株式総数を半分にすれば、株価は理論的には2倍になるし、
発行済株式総数を2倍にすれば、株価は理論的には半分になる
のだからね。

 それじゃあ、株価を上げたければ
株式の数を減らせばいいんだね。

たしかに、会社は2株を1株に株式併合して

発行済株式総数を半分にするといったことも、
株主の承認があればできるんだ。

でも、そのようなことをしても、
会社全体の価値、つまり株式時価総額が変わるわけではないから
ほとんど意味はないんだ。

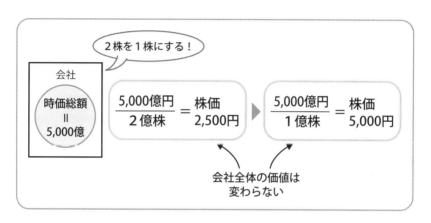

 会社の価値を示すのは
株価に発行済株式総数をかけた株式時価総額であり、
株価を他社と比較しても意味はない。

 株式時価総額が会社の価値を示すっていうけど、
会社の価値って何のこと？

会社の値段ってことだよ。
その値段を出せば会社を買える金額のことだね。
企業価値ともいうね。

 会社って買うことができるの？

株式会社の法律上の所有者は株主なんだ。

重要なことは株主総会という会議で株主が決めるからね。

だから、その会社の株式をすべて買えば
その会社の所有者になれるんだ。

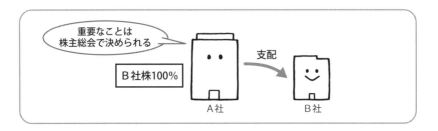

ただ、実際にその会社のすべての株式を買うためには
現在の株価よりも高い金額を提示するのが一般的だから、
株式時価総額分のお金があれば必ずその会社を買える
というわけではないけどね。

 どうして今の株価よりも高い値段で
買うの？

株主は、株価が今よりも上がるはずと考えているから
株を売らずに持っているんだよね。
だから今の株価よりも高い値段を提示しないと
売ってくれないんだ。

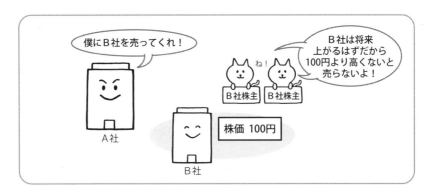

また、その会社を買う側も、会社の本来の価値は
今の株式時価総額よりも高いと判断しているはずだから、
一般的に現在の株価より高い値段が提示されるんだよ。

株式時価総額は、会社の値段を示す。
ただし一般的には、会社を買うためには
株式時価総額よりも高い金額が必要になる。

■ 新株発行すると
　　株価が下がってしまう？

ここで、新株の発行と株価の関係について
説明しておこう。

会社は、新しく株式を発行することで
資金を調達することができるね。

株主からお金を集めるってことだね。

このように新しく株式を発行する場合、
株価が下がってしまうことも多いんだ。

え、どうして？

会社が新株発行によって発行済株式総数を増やした場合、
それに見合うだけ企業価値も増えないと
株数で割った**一株当りの価値が下落**するよね。

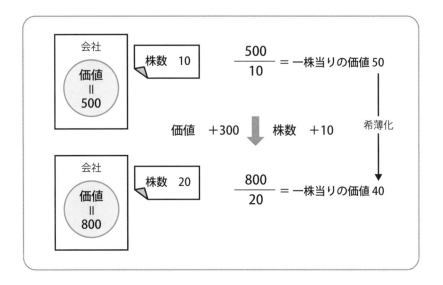

そのときの企業価値と同じ株価で新株発行すれば
理論的には株価は変わらないのだけど、
新株発行する際は本来の価値よりも低い株価でないと
株主に新株を引き受けてもらいにくいから、
新株発行は株価の下落につながりやすいんだ。

この一株当りの価値の下落を、**希薄化**（きはくか）、
または**ダイリューション**（Dilution）というんだ。

 希薄化？　ダイリューション？
難しそうな言葉だね。

株式の数が増えることで
株数で割った一株当りの価値が薄まってしまうから
希薄化というんだよ。

POINT 会社が発行済株式総数を増やし、それに見合うだけ
企業価値が増えない場合に生じる一株当りの価値の下落を、
希薄化またはダイリューションという。

会社は、株主からお金を集めるときだけでなく、
ほかの会社を買収したり合併したりする際も
新たに株式を発行することがあるんだ。

そうやって新たに株式を発行すると
希薄化が生じるんだね。

必ずしもそうではないんだ。

株数が増える以上に企業価値が高まれば
希薄化は生じないんだよ。

たとえば会社が
ほかの会社を買収するために新株を発行した場合、
買収によって株数が増える以上に
買収によって利益が伸びて企業価値が高まるのであれば、
株数が増えても一株当りの価値は高まるよね。

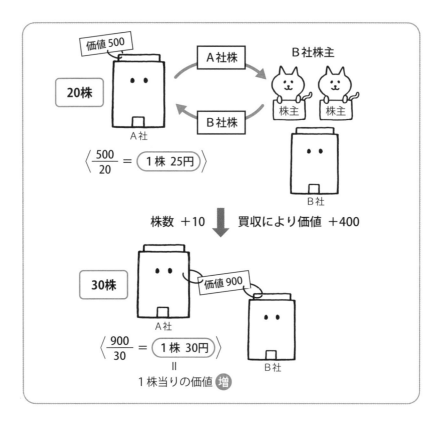

逆にそうした利益増が見込めないと
市場が判断している場合には、
希薄化により株価が下落してしまうってことだね。

■ 決算書の数値を一株当りの数値に
　　修正して比較する

つぎに、
株価と組み合わせて決算書を見る方法について説明しよう。

決算書の数値と株価を比較する場合は、
決算書の数値を一株当りの数値に修正するんだ。

一株当りの数値は、
利益や株主資本などの数値を発行済株式総数で割って
求めることができるんだ。

たとえば当期純利益が50,000千円で発行済株式総数が100千株の場合、
一株当り当期純利益は、50,000千円÷100千株＝500円/株になるね。

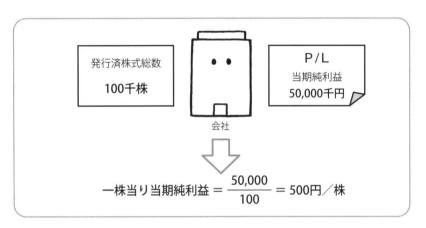

 どうして一株当りの数値を
計算する必要があるの？

株価と比較のレベルを合わせるためだね。

株価は会社の企業価値を発行済株式総数で割ったものだから、
同じように利益や株主資本などを発行済株式総数で割れば、
お互いの関係を比較できるからね。

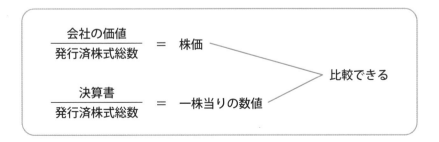

とくに**一株当り当期純利益**のことを
EPS（イーピーエス）（Earnings Per Share）、
一株当り純資産のことを
BPS（ビーピーエス）（Book-value Per Share）というんだ。

EPSは**当期純利益を発行済株式総数で割ったもの**、
BPSは**純資産を発行済株式総数で割ったもの**だね。

決算書の数値を株価と比較する際には、比較のレベルを
合わせるため、決算書の数値を一株当りの数値に修正する。
とくに一株当り当期純利益のことをEPSといい、
一株当り純資産のことをBPSという。

一株当りの数値と株価を比べて何がわかるの？

株価が割高か割安かを判断することができるんだ。

株価が割高というのは、
その会社の実力に見合った株価よりも
高い株価が付いている状態のことなんだ。

株価が割高の場合は、
本来の株価に戻ろうとして
将来株価が下がる可能性があるんだ。

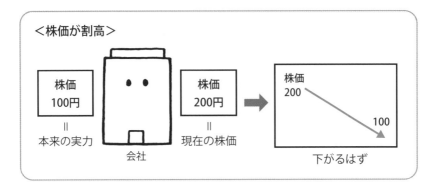

＜株価が割高＞

株価
100円
＝
本来の実力

会社

株価
200円
＝
現在の株価

株価
200

100

下がるはず

割安はその逆で、
本来の株価よりも安い株価が付いている状態のことだから、
将来株価が上がる可能性があるってことなんだ。

● 「PER」を見れば
割高か割安かがわかる

 どうやったら割高とか割安が
わかるの？

株価がEPSの何倍になっているか
を同業他社と比較するんだ。

この、株価がEPSの何倍かを示すのが
PER（ピーイーアールまたはパー）
（Price Earnings Ratio、株価収益率）なんだ。

PERは、株価をEPSで割ることで求められるんだよ。

PER = 株価 ÷ EPS

たとえば、EPSが500円/株で株価が5,000円/株の場合、
PERは5,000÷500＝10倍になるね。

POINT PERは、株価がEPSの何倍かを示すものである。

株価がEPSの何倍かを同業他社と比較すると、
どうして割高が割安かがわかるの？

PERの水準は、
業界によってだいたい一定の傾向があるんだ。

たとえば、ある会社が属する業界の成長性が高い場合は、
現在の一株当り当期純利益であるEPSに対して
株価は将来性を期待されて高くなるから、
PERも大きくなるんだ。

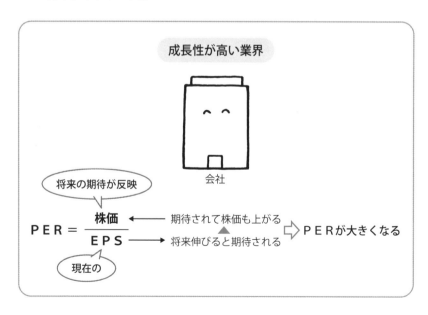

成長性の高い業界の会社は、
PERが大きくなるんだね。

そうだね。

同じ業界に属する会社は、成長性も同じくらいだから
PERも同じくらいの水準になるはずなんだ。

そうすると、ある会社のPERが
業界の平均PERと大きく異なっている場合、
株価が一時的に割高または割安であって、
近いうちに平均PERに近づくように株価水準が修正される
可能性がある、と考えることができるんだ。

たとえば、Ａ社の業界の平均PERが20倍で、
今のＡ社のPERが30倍だとすると、
Ａ社の実力と比較して株価が高くなり過ぎているといえるね。

つまり、Ａ社の株価が過大評価されているということだから、
今後PERが20倍くらいまで株価が下がる可能性がある、
ということがいえるんだ。

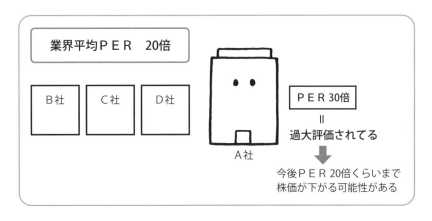

それじゃあ
PERが業界の平均よりも低い会社の株は、
逆に将来株価が上がるはずだから、
そういう会社の株を買えば儲かるってこと？

もちろん同じ業界であっても、
優良企業のほうがPERは高くなるし、
競争力の低い会社はPERが低くなるから、
PERだけで判断することはできないね。

でもその会社を多面的に分析してみて、
競争力はあるはずなのにPERが低い場合は、
その会社の株価が将来上がる可能性は高いといえるね。

PERの水準は業界により一定の傾向がある。
そのため業界平均PERよりも低い（高い）会社は
将来株価が上がる（下がる）可能性が高い。

●「PBR」は解散価値との比較

また、BPS（一株当り純資産）と株価の関係を示す指標が
PBR（ピービーアール）（Price Book-value Ratio、**株価純資産倍率**
（かぶかじゅんしさんばいりつ））なんだ。

PBRは、株価がBPSの何倍かを示すもので、
株価をBPSで割ることで求められるんだ。

$$\text{PBR} = 株価 \div \text{BPS}$$

たとえば、BPSが500円/株で株価が1,000円/株の場合

PBRは1,000÷500＝2倍になるね。

PBRは、株価がBPSの何倍かを示すものである。

PERと似てるね。
PBRからは何がわかるの？

PBRもPERと同様に、
株価が割高か割安かを測るひとつの指標になるんだ。

とくにPBRは、資産と負債の差額である純資産に対して
株価が何倍かを意味するから、
会社の資産価値に着目した割高・割安の指標といえるね。

また世のなかには、PBRが1倍以下、
つまり一株当りの純資産よりも株価のほうが低い会社も
あるんだ。

えっと、純資産よりも株価のほうが低いってことは、
あれ？　そんな会社があるなら
その会社を買って資産を売り払ったほうが
いいんじゃない？

その通りだね。

PBRが1倍以下のような会社は、
その会社の値段である株式時価総額よりも、
資産を売って負債を返したあとに残る金額
つまり解散価値のほうが大きい、ということになるね。

実際、そのような会社の株式を買い占めて

お金を儲けようという、ハゲタカと呼ばれる投資家もいるんだ。

ただし現行の決算書は、必ずしも
資産が時価で評価されているわけではないよね。

だから、PBRが1倍以下の会社であっても、
実際の解散価値はもっと小さくて、
株を買い占めて資産を売り払っても回収できない
可能性もあるんだ。

いずれにしても、PBRが1倍以下の会社は
市場から将来性を期待されていないといえるね。

> PBRは、解散価値である純資産と株価の関係を示すものであるため、会社が解散価値以上にどれほど価値があると市場が見ているかがわかる。
> PBRが1倍以下の会社は、市場から将来性を期待されていないといえる。

●「PCFR」は海外の会社と比較するときに有効

また、株価と一株当りキャッシュフローを比較したものを
PCFR（ピーシーエフアール）
（Price Cash Flow Ratio、**株価キャッシュフロー倍率**）
というんだ。

> PCFR ＝ 株価 ÷ 一株当りキャッシュフロー

ここでいうキャッシュフローは、
簡便的に営業キャッシュフローを使ったり、

当期純利益に減価償却費を足したものを使うことが多いんだ。

PCFRは、株価が一株当りキャッシュフローの
何倍かを示すものってことだね。

 PCFRはどのように役立つの？

PCFRも、PERやPBRと同じように、
株価が割安か割高かの判断として用いられることが多いんだ。

とくに減価償却費は国ごとに制度が大きく違うから、
異なる国の会社を比較する際には、
減価償却費の影響を除いたPCFRもあわせて分析する
ことが有効だね。

 海外の会社と比較する際は便利なんだね。

ただしPCFRは、積極的に設備投資をしている会社は
減価償却費が大きくなって、営業CFも大きくなって
PCFRが低くなる、つまり割安に見えるんだ。

もちろん積極的に設備投資している会社は
将来伸びる可能性が高いけど、
逆に投資がうまくいかなかった場合は利益を圧迫するよね。

だからPCFR単独ではなく、
PERなどほかの指標もあわせて判断することが大事なんだよ。

 POINT 株価が割安か割高かを判断する際には、
ひとつの指標だけでなくいくつかを検証してみる必要がある。

● 気になる会社の決算書を分析してみよう
── おわりに

　本書では、貸借対照表、損益計算書、キャッシュフロー計算書の主要3表の仕組みや特徴、見るべきポイントやおもな科目の解説、そしてこれら3表を用いた主要な分析手法である収益性分析、安全性分析、株価との関係性を、1冊で網羅しました。

　盛りだくさんの内容のため、初心者の方には少し難しく感じる部分もあったかと思います。

　とくに紙面の都合上詳述できなかった複式簿記についてくわしく学びたい方は、拙著『会計のことが面白いほどわかる本　会計の基本の基本編』（中経出版）、税効果会計や連結会計などについてさらに学びたい方は、拙著『会計のことが面白いほどわかる本　会計基準の理解編』（同上）、また会計の知恵を仕事や人生に活かす方法についてご興味のある方は、拙著『会計の神さまが教えてくれたお金のルール』（日本実業出版社）をご覧いただければ幸いです。

　本書1冊で決算書分析の基本的なポイントはすべて網羅できるので、ぜひ本書をお手元に置きながら、気になる会社の決算書を実際に分析してみてください。

　大切なのは、分析が合っているかどうかよりも、自分の手で分析し、自分の頭で考えることです。

　ある会社の株を買うかどうか、ある会社に就職するかどうか、ある会社と取引をするかどうか、といった際に、その会社のホームページやパンフレット、マスコミの情報だけを頼りにするのは危険です。
　本文でも説明したように、それらの情報は主観的であり、必ずしも適切なものとは限らないからです。

これに対して決算書は、共通のルールに基づいて作成され、第三者である公認会計士が適正性をチェックしています。

本文で見たように、決算書には、会社のホームページやマスコミの情報だけでは得られない貴重な情報がたくさん載っています。

上場企業であればホームページから決算書を容易に入手できるので、ぜひ会社を見る際には決算書もあわせて見る習慣を身につけていただくとよいと思います。

そして当然ですが、**決算書には限界があります。**

粉飾の可能性もありますし、本文でも指摘したように、決算書はお金の動きをベースにしながら会社の活動の実態を適切に示すように会計処理をしているので、お金の動きを伴わない、数値化できないものを決算書に載せることはできないからです。

その会社の価値は、数値化できる、会計処理できるものだけでなく、数値化できない、会計処理の対象にならないさまざまなものから生み出されています。

本文でも触れたように、経営者のビジョンやリーダーシップや人間性、社員の能力やモチベーション、企業風土や一体感、今まで会社が蓄積した経験や知識やノウハウやブランドといったものは、会計処理の対象にならず、決算書にも計上されないのです。

しかしこれらの**決算書に計上されない要素こそが、会社の競争力の源泉であり、価値を創造する力の源泉**です。

筆者自身、さまざまな会社の業績改善や新規事業開発をサポートしてきましたが、会計数値を見るのは当然として、実際に重視するのは、上記のような数値化できない部分です。

とくに経営者がどれだけ社員を大切にしているか、どれだけ社員の可能性を信じ、社員の幸せを願っているか、はその会社の存在意義に関わる重要なポイントです。

目に見える数値だけでなく、目に見えないものと目に見えるものの両方を大切にすることで会社が生まれ変わる事例を、筆者自身もこれまでたくさん目にしてきました。

　その経験をベースにした小説『君を幸せにする会社』（日本実業出版社）もあわせて読んでいただくと、会社という生命体をより深くご理解いただけると思います。

　最後になりますが、前著に引き続きお世話になった日本実業出版社の前川健輔さんをはじめ出版にご尽力いただいたみなさま、仕事を通じて大切な叡智を教えてくれているクライアントやビジネスパートナーの皆さま、そしていつも温かく見守ってくれている家族に、心から感謝申し上げます。

　愛と感謝を込めて。

2020年11月

天野敦之

索　引

天野敦之（あまの　あつし）

一橋大学商学部在学中、公認会計士第二次試験に一発合格。アクセンチュア株式会社、野村證券株式会社を経て2008年に独立し、人を幸せにする会社総合研究所株式会社を設立。ヨガをきっかけにスピリチュアルに目覚め、現在はお金・スピリチュアリティ・健康美を統合した観点から、経営コンサルティングや事業創造プロデュース、講演、執筆など複数の事業を営んでいる。会計入門書のベストセラー『会計のことが面白いほどわかる本』（中経出版）、『君を幸せにする会社』『会計の神さまが教えてくれたお金のルール』（以上、日本実業出版社）、『宇宙とつながる働き方』（総合法令出版）、『宇宙を感じて仕事をしよう』（サンマーク出版）など著書多数、累計40万部を超える。

公式ホームページ：http://sinzenbi.net/

会社の活動とお金の流れが見えてくる

決算書の読み方の基本

2020年12月10日　初版発行

著　者　天野敦之　©A.Amano 2020
発行者　杉本淳一

発行所　株式会社日本実業出版社　東京都新宿区市谷本村町3-29 〒162-0845
　　　　　　　　　　　　　　　　大阪市北区西天満6-8-1 〒530-0047

　　　　編集部　☎03-3268-5651
　　　　営業部　☎03-3268-5161　振　替　00170-1-25349
　　　　　　　　　　　　　　　　https://www.njg.co.jp/

印刷・製本／中央精版印刷

本書のコピー等による無断転載・複製は、著作権法上の例外を除き、禁じられています。内容についてのお問合せは、ホームページ（https://www.njg.co.jp/contact/）もしくは書面にてお願い致します。落丁・乱丁本は、送料小社負担にて、お取り替え致します。

ISBN 978-4-534-05822-5　Printed in JAPAN

読みやすくて・わかりやすい日本実業出版社の本

会計の神さまが教えてくれた
お金のルール

「中田敦彦のYouTube大学」で激賞！
財布を狙う「巧妙な仕掛け」からお金を
守れ。著書累計40万部突破のベストセ
ラー会計士が「絶対やってはいけないこ
と」をストーリーで解説。

天野敦之
定価 本体 1400円（税別）

数学女子智香が教える
仕事で数字を使うって、こういうことです。

ビジネスで役立つ数学的考え方をストー
リーで解説。主人公・木村と数学女子・
智香の会話を楽しみながら、平均の本当
の意味や標準偏差、相関係数、グラフの
見せ方まで身につけられます。

深沢真太郎
定価 本体 1400円（税別）

この1冊ですべてわかる
会計の基本

会計を財務会計と管理会計に分けて、
税務会計や連結決算から、内部統制や
IFRS、組織再編手法まで幅広く説明。
やさしいだけではなく、実践的な会計力
も身につく1冊。

岩谷誠治
定価 本体 1500円（税別）

簿記がわかってしまう魔法の書

はじめて簿記を学ぶ人、他の入門書で挫
折した人のための「簿記の絵本」。基本
原理をイラスト図解と「たとえ話」を交
えたやさしい説明で、魔法をかけられた
かのようにストンと理解できます。

小沢　浩
定価 本体 1300円（税別）

定価変更の場合はご了承ください。